剛剛好的完美主義

擺脫拖延、討好、
怕犯錯，
創造自己喜歡的人生

延世大學諮商心理研究室 李東龜、孫何林、金書瑛 —著
簡郁璇 —譯

suncolor 三采文化

前言

了解完美主義的成因

身為一名諮商心理學的學者，筆者長年致力於研究完美主義，也在學校與企業等各種場合授課、進行諮商。筆者會對完美主義產生興趣，是因為發現身邊有完美傾向的人要比想像中多。

其中有善用完美主義、取得卓越成就的人，也有因為自己的完美主義而備受煎熬的人。實際上，筆者所任職的延世大學諮商心理研究室，就曾以五百一十一名韓國人為對象進行問卷調查。調查結果顯示，兩名之中就有一名以上（占全體的五十三・六二％）具有完美主義的傾向。

事實上，完美傾向與憂鬱高度相關。每當透過新聞接觸到憂鬱症所引起的憾事，我就會因為「原來世界上有這麼多人內心生病了啊」的想法而心情沉重，同時思索，身為一名心理學家的我，能帶給陷入憂鬱的人什麼樣的幫助。輔導許多個案，透過企業演講與上班族對話的同時，我也肯定了一件事——讓大家對完美主義有更完整的認識，有助於維持他們的心理健康。

在漫長的人生中，每個人多少都曾碰過心理上的坎，只不過有人將這道難關當成必經的歷程，順利地跨越，也有人長年在內心支離破碎的狀態下承受莫大的痛苦。追究其源頭，完美傾向就是原因之一。事實上，過去我們透過各種研究得知，若是人受到完美主義的消極面影響，並為此痛苦不已，就很可能深受憂鬱症之苦，只不過這樣的認知目前尚未普及。

完美主義與憂鬱症

憂鬱的人們主要會感到悲傷、產生疲勞感、患有睡眠與進食障礙、陷入絕望、產生厭世的念頭，而且他們還會經常談論挫折、失去及失敗。只要靜下心傾聽，就可得知多數人都有個共同點，就是他們都帶有完美傾向，也就是我必須表現傑出或者我不能有半點失誤。所以，想要理解憂鬱症，就必須準確地理解位於源頭的完美主義。美國著名的認知行動治療學家羅茲・夏弗蘭（Roz Shafran）博士及其同事，就曾以減重的人們為例，說明完美主義者何以陷入憂鬱的機制。

需要減重時，完美主義者往往會將目標訂得太高，因此有很高的機率會失敗。一旦失敗，他們就會指責自己，以至於整個人鬱鬱寡歡。有趣的是，有時即便達成目標，這些人看起來卻也不怎麼開心，他們甚至還會懷疑「是不是把目標訂得太低了？」並表示下次要調高目標。這種思考模式到頭來只會引來失敗，緊接在後的憂鬱也成了必然。這樣的人，正是不幸的完美主義者。

人不完美，卻追求完美，也許這個命題本身就是自相矛盾，不過追求卓越與成就，會成為人類前進的強大原動力。渴望得到大眾喜愛與關注的知名人士，也有不少人追求完美，但渴望完美的傾向越強烈，就越容易被社會認同左右，一旦他人的反應無法達到期待，就會對內心造成莫大打擊。何止是知名人士呢？在我們的身邊，就有不少人因為具有完美主義傾向，而經歷大大小小的問題，像是拖延症、強迫症、飲食失調等。

我們經常能聽到，有人因為無法承認自己不完美，或者為了追求完美而放棄大好人生。此外，認為「我就只能這樣嗎？」陷入不斷自我指責之惡性循環的人也不在少數。這些都會引發憂鬱症，而重度憂鬱更可能導致一個人做出極端的選擇。就算沒有走上絕路，心理上也會變得畏畏縮縮，同時這種挫折感也會對一個人的生活品質造成深遠影響。

克服完美主義也可以很科學

市面上，撫慰憂鬱症患者、提升低自尊感的好書不計其數，透過這些書籍傳遞的安慰，獲得心靈上的平靜，也有助於提升生活品質。

不過，這本書的設計重點不在於給予安慰，而是一本以實際研究和數據為根基，清晰明瞭地說明完美主義是什麼、該如何克服的指南書。筆者希望能透過心理學家、研究人員、諮商心理學博士提點的實用訣竅，提出為人生帶來實質變化的方法，而這是因為筆者判斷，相較於憂鬱症本身，如今更應該以科學的角度去理解引發憂鬱症的源頭，也就是完美主義。

所以，相較於給予溫暖的共鳴和安慰，本書主要收錄的是透過有系統的研究結果和精準數據所導出的分析，以及幫助大眾理解的眾多案例。此外，本書也以針對韓國人進行的研究調查結果為基礎，提出全面理解、無痛克服以及靈活運用完美主義的方針，更收錄了專家進行研究時使用的完美主義診斷表，為讀者提供自行檢測的機會。

筆者的期許，就是希望能盡量傳達有關完美主義的正確知識，當讀者嘗試理解自己與親朋好友的行為與心理時，能夠帶給他們實質的幫助。此外，也希望這本書能成為踏板，使所有人能建立更和諧的關係，活出更幸福的人生。當一個人能理解自己的完美主義傾向，找到相對應的解決之道並順利消除心理問題，我相信他必能脫胎換骨，成為比任何人都成功、比任何人都幸福的完美主義者。

最後，我要向為這本書的付梓出力的流水出版社同仁、寫推薦文的老師們表達深摯的感謝。與孫何林、金書瑛老師一起腦力激盪、共同撰書的過程彌足珍貴，另外，我也要向鼓勵作者群的親朋好友致上謝意。

二〇二一年二月

作者 李東龜

目錄

第2章

完美主義怎麼養成的？

——使我們成為完美主義者的五大要素義

第3章

完美主義者的四種類型

——開始理解我與他人的完美主義

第4章

蛻變成亮眼的完美主義者

——改變與成長的實踐指南

第1章

給夢想完美卻早已精疲力竭的你

——檢視你的完美主義

追求完美並不是一種罪過

每個人都想成為出類拔萃的人，因為追求精益求精、不斷成長的渴望乃是人類的本能。[1]基於想有出色表現、出人頭地、想全力以赴的心態，我們夢想能達臻完美。看到在某個領域獨占鰲頭的人，我們會心想，要是我也像那個人一樣該有多好；看到近乎完美的作品，則會產生敬畏之心。從古至今，人類始終嚮往卓越，不曾停下追求完美的腳步。

「完美無法企及，但只要追求完美，就能達到卓越。」——文斯・隆巴迪（Vincent Lombardi），前國家美式足球聯盟（ＮＦＬ）總裁追求完美不分文化或人種，是一種放諸四海皆準的現象。無論在哪裡，都會有難以滿足並追求毫無瑕疵的人。完美主義者基本上都很傑出，他們會將熱情傾注於訂下的目標，努力取得亮眼的成果。

尤其是幸福的完美主義者，他們會善用完美主義的傾向、自制力、才能與柔軟身段等強項[2]來取得成就。獲得理想的結果時，完美主義者會感到喜不自勝、心滿意足，但完美主義能帶來積極面，自然也會帶來造成心理痛苦的消極面。

過去曾有一位外國研究者表示，要求「快點、快點」的文化，正是韓國人之所以具有完美主義傾向的原因。光是檢視每分鐘的走路步數，就可看出韓國人與其他外國人有顯著差異。每個國家的人每分鐘的走路步數均不同[3]，美國人每分鐘平均走二十五步，英國人平均走二十九步，日本人平均走三十五步，而韓國人呢？很驚人，據說是一分鐘平均走五十六步，幾乎是一秒鐘就走一步。

也許就是因為這樣，據說在外國人之間流傳著這種令人哭笑不得的傳聞：辦理入境手續時，站在韓國人後頭，就能最快速地通過入境審查櫃檯。

韓國人的「快點、快點」文化一枝獨秀。在這種文化的背後，存在著必須在資源有限的競爭社會中領先的意志，以及不採取行動，可能就會被某人超越的焦慮感。現代人經常會說：「這是個人人爭得頭破血流的競爭社會」，而儘管近年來入學方式漸趨多元，但一次入學結果，仍足以左右往後的人生。

在這種情況下，父母對子女的學校考試日期瞭若指掌、碰到考試期間，父母的緊張程度不亞於子女的現象，或許也就不足以為奇了。我們甚至還會聽到有關直升機媽媽的事蹟——子女都已經出社會了，但媽媽仍成天在子女身邊盤旋，凡事下指導棋。為求子女出人頭地，這些媽媽不計一切代價，甚至是子女要累積哪些社會資歷，要進入哪個部門，她們都會出手干預。而這些，都是出自父母想替孩子打造完美未來的野心。

儘管出發點是好的，但在這種社會氛圍下，加上親朋好友的期待與過度干涉等，就會造成子女的完美傾向被強化的現象。而且，通常在這種情況下形塑的完美主義，很可能會以自我折磨的形式表現出來。

無論在什麼樣的國家、社會或組織，只要越迫切於追求成功、越不容許出現任何失敗，他們的成員對失敗的恐懼就越深。不分東西方，說起專業運動領域時，都同樣充滿激烈的競爭氛圍。達到登峰造極的過程是如此艱辛，但能展現能力的機會卻屈指可數，因此當一展長才的機會到來時，這場比賽就非得完美不可，這樣的壓力，非常人所能想像。

倘若因小小失誤而與勝利失之交臂，過去的所有努力就會化為烏有，也會對自己失望透頂，因此面臨比賽的選手帶著非贏不可的危機意識，全副武裝上陣。

這種壓力與恐懼並不限於專業選手。根據英國針對一群運動新星（平均年齡為十五・六四歲）調查的結果，特別是在周圍的人的要求與期望下，以致形成完美主義傾向時，當事人會因為壓力過大，幾乎無法感覺到運動本身帶來的快樂，嚴重時，還會處於燃燒殆盡（burnout）的狀態。[4]

因此，在競爭激烈的氣氛之下，無論是出於自身意志或他人驅使，最後都會很自然地追求完美，還有，碰到必須拿出具有水準的表現或接受評價時，他們會顯露出脆弱的一面。

要做得比別人更好，
絕對不能失誤，
必須完美無瑕。

筆者任職的延世大學諮商心理研究室曾以五百一十一名韓國成人（二十至六十歲）為對象進行調查，結果顯示具有完美主義傾向的應答者占了五十三．六二%。這代表兩名成人中就有一人具有完美主義傾向，比例相當高。

此外，求職網站 Job Korea 也曾與出版社合作，針對一千一百七十六名上班族進行問卷調查。結果顯示，在職場上追求完美的應答者足足占了六十七．二%，而碰到「你是否認為完美主義能提高工作成果？」這題時，回答是的比例占了整體的六十一．三%，同樣超過了半數。[5]這告訴我們，十名上班族中有近七名追求完美，並且他們認為完美主義會對工作成果造成正面影響。

在這邊要注意一點，碰到「你認為完美主義能讓你變得幸福嗎？」的問題時，有高達七十五．九%的上班族回答否。這個結果很矛盾，因為即便有過半數的上班族認為完美主義有助於追求與提升成果，他們卻不認為它能為自己帶來幸福。我們該如何理解這種落差呢？

完美這個詞多半與正面的意思連結。當我們從上司、家人、朋友或其他人口中聽到「這份報告太完美了」、「簡報很完美」、「今天表現得很完美，帥斃了」、「你完美到無可挑剔」等話語時，不僅心情會變好，也會不自覺地抬頭挺胸。

光是想到能迎來令人嘴角忍不住上揚的結果，或許嚮往完美也是很自然的渴望。追求完美本身並沒有錯，問題在於為了完美，設下了過高的目標，造成了害怕失敗的壓力，並產生莫大的壓迫感。

過猶不及，這句話同樣適用於完美主義。如果能在不受傷、可自行掌控的前提下追求完美，那麼它將成為一種強而有力、正向健康的競爭力。但如果深陷自行設下的完美標準，以致制定了現實生活中難以實現的目標，並試圖進行自我控制，完美主義就可能對身心造成嚴重傷害。

---

1 Adler, A. (1956). The neurotic disposition. In H. L. Ansbacher & R. R. Ansbacher (Eds.), The individual psychology of Alfred Adler (pp. 239-262).New York: Harper.

2 Hamachek, D. E. (1978). Psychodynamics of normal and neurotic perfectionism. Psychology: A Journal of Human Behavior, 15(1), 27-33.

3 姜秉昊（2014），「快點快點」的美學，開墾現代韓國。朱寧河等（2014），韓國人的文化基因，amor mundi。

4 Appleton, P. R., Hall, H. K., & Hill, A. P. (2009). Relations between multidimensional perfectionism and burnout in junior-elite male athletes. Psychology of Sport and Exercise, 10(4), 457-465.

5 亞洲日報（2014. 4. 22），67.2% 的上班族在公司內追求完美。

幸福的完美主義者VS.不幸的完美主義者

有些完美主義者在自己的專業領域大放異彩。據說奉俊昊導演平時是個個性溫吞、脾氣溫和的人，但只要進入片場，就會搖身變成完美主義者。由於他連枝微末節都不放過，甚至得到了「奉細節」的綽號。他追求完美的程度，甚至只要有一個畫面與自己的構想不符，就會不惜拍攝數十次，直到自己滿意為止。無論是演員或工作人員，大家都異口同聲地說與奉導演合作並不容易，但只要看到最後一次拍攝所呈現的完成度，就能理解奉導演的風格。

堅持不懈地追求完美，使奉俊昊導演在二〇一九年以《寄生上流》奪下最高榮譽金棕櫚獎，而這也是韓國電影首次獲得此殊榮。接著，他又在第九十二屆奧斯卡金像獎橫掃最佳影片、最佳導演等四項大獎，在世界電影史留下輝煌的一頁。

奉俊昊導演不僅善用自己的完美傾向取得更高的成就，躋身世界電影巨匠之列，他無疑也成了幸福的完美主義者的最佳典範。

相反的，完美主義當然也可能導致悲劇。英國的外科醫生亞歷山大．瑞汀（Alexander Reading）是人工髖關節置換的權威，然而，二〇一一年六月的某天，瑞汀犯下了小小的醫療失誤，導致本來危在旦夕的患者病情更加惡化。最後，瑞汀在自家價值七十萬歐元的豪宅車庫中上吊輕生。

此事件在英國社會上引起軒然大波。身為人生勝利組的瑞汀何以走上絕路？相較於自己過去成功的九十九個手術，他卻無法忍受唯一失敗的手術所帶來的極度羞愧感，自責不已。對不容許任何瑕疵的瑞汀來說，失誤是難以饒恕的汙點，這樣的人，我們稱之為不幸的完美主義者。

那麼，幸福的完美主義者具有哪些特徵呢？為了明確的比較，首先來檢視不幸的完美主義者有何特徵吧。這些人經常陷入第二十二頁的惡性循環模式。

當完美主義者不斷追求不符合現實的高標準時，自然會經常面臨無法如願的情況，可是，一旦持續把結果與我是個失敗者的自責連結，為了彌補自己無法達到完美的缺點，最後就會陷入更加執著於完美的惡性循環。

讓我們先這麼假設好了。有些人會按小時來制定一天二十四小時的計劃表，並且唯有按表操課時，才認為自己度過了完美充實的一天。可是，假如這人搭乘的計程車發生擦撞意外，多花了預期外的時間，導致後續行程必須延遲半小時以上呢？

發生擦撞意外是屬於不可抗力的範圍，而且也不可能事先預料到，因此如果是一般人，大概會先為自己沒有受到重傷而大呼好險，可是不幸的完美主義者卻很可能陷入「假

完美主義傾向的惡性循環

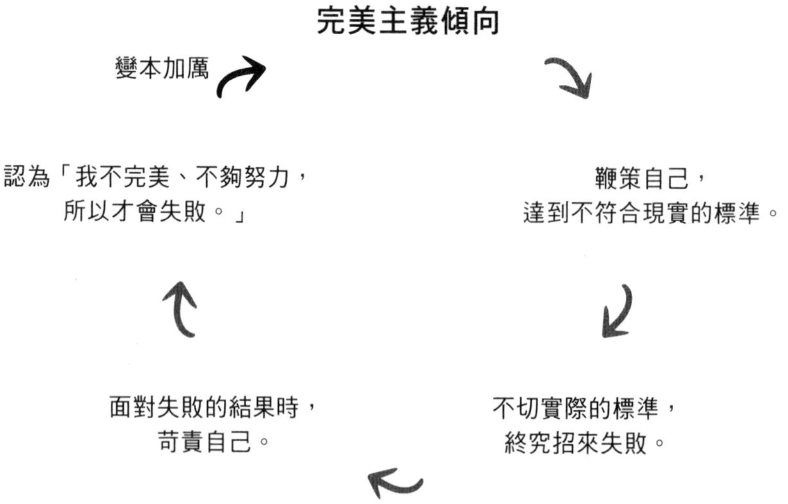

如我搭的不是計程車，而是捷運，就不會碰到這些問題了」、「是我偷懶才選擇搭計程車，到頭來還是得怪自己」的自責漩渦之中。這個人認定的完美標準，在於按部就班地恪守計劃，即便是外在原因導致計劃出了差錯，他仍會將指責的箭矢轉而射向自己。

完美主義運作的基礎，來自於相信非達到不可的完美狀態是存在的，因此，他說不定會發揮進階版的強化意志，從明天開始以十分鐘為單位規劃時間，以確保能夠度過無懈可擊的一天。可是，這種具有強迫傾向的計劃真能奏效嗎？想必沒那麼容易。

那麼，難道就不能斬斷這一連串的惡性循環，讓追求完美的人最終能走向幸福嗎？意即，成為幸福的完美主義者的方法是什麼呢？倘若各位能夠藉由這本書徹底掌握自身的完美主義傾向與類型，並循序漸進地改進問題處，就能以堪稱最理想的幸福的完美主義者之姿脫胎換骨。

事實上，任何人都能成為幸福的完美主義者。本書的核心目標即是扮演推波助瀾的角色，幫助所有追求完美的人以幸福的完美主義者之姿重生。那麼，哪些人是幸福的完美主義者呢？儘管這些人胸懷大志，但相對並不怎麼擔心失誤，就算結果偶爾不令人滿意，也不會過度苛責自己。基本上他們擁有下列三大特徵。

善用完美主義，努力達標

幸福的完美主義者高度自律，尤其對於達成目標竭盡心力。這些人會持續累積成功的經驗，提高對自己與人生的滿意度。一九九一年，里斯本大學的教授彼得．史萊德（Peter Slade）的研究團隊就曾在〈關於完美主義與不滿足的實驗分析〉這篇論文中，將幸福的完美主義者所呈現的樣貌稱為「滿足型的完美主義（satisfied perfectionism）」。[6]

此外，一九八九年，巴尼．戴斯（Barney Dews）與瑪莎．威廉斯（Martha Williams）透過〈音樂系學生的性格類型、壓力與因應模式〉這篇論文，指出完美主義對主修音樂的高中生帶來了正向效果。[7]根據研究人員的說法，藝術領域尤其講求演奏者的細膩，加上彼此必須經常競爭，因此多數參加研究的學生都顯現了高度完美傾向。

有別於眾所皆知的完美主義帶來的壞處，當這些人將完美主義的性格視為達成目標的資源並妥善應用時，他們就不會對執行（演奏音樂）感到不安，或感到情緒疲勞等。

如同前述，幸福的完美主義者胸懷大志，但相對並不怎麼擔憂失誤。懂得巧妙運用完美傾向的參加者，若是在需要高度專注力的練習過程中，感覺自己達到極限或陷入低潮時，則會適時以自身抱負與目標來提醒並激勵自己。

舉例來說，當某個段落反覆出現失誤，以致演奏者認為自己沒辦法再演奏下去時，他會善用自身的完美傾向，將焦點聚焦於在比賽中完成完美演奏時的快感上頭，激發出克服極限的力量。完美主義總會朝著更高處、能力更精進的方向前進，因此這些人實際上會花費更多的時間不斷練習，最終也使得他們在音樂課上取得更傑出的成績、在大賽中奪下更多獎項。

成為對照組的，即是因完美主義畫地自限，擔憂無法做到十全十美的參加者，這些人就無法體會完美傾向所帶來的好處。相較於努力達成目標所帶來的喜悅，這些人卻把焦點放在努力過後依然慘遭失敗的絕望感上，並在恐懼之中瑟瑟發抖，以致招來更多的不安與疲勞感，最後連原本的實力都無法徹底發揮。

學會彈性調整才不會氣力耗盡

幸福的完美主義者相對是自由的，他們並不會被凡事非完美不可的想法侷限住。當這些人感到力不從心時，會懂得稍微停下來喘口氣，碰到即便自己努力也無法獲得完美結果時，也懂得適時放掉力氣。

此外，他們懂得給予通融的空間，放下凡事都必須完美的偏執念頭。他們並不是無條件埋頭苦幹、不斷壓迫自己的人，而是懂得根據需要，在達成目標的過程中區分輕重緩急的人。

二〇一〇年，烏特勒支大學的圖恩．塔里斯（Toon Taris）教授與同事們在〈何以完美主義者比其他人更容易消耗殆盡？〉論文中提出警告：越努力工作的完美主義者越容易工作上癮，以致輕忽自己的健康、疏於經營與配偶的關係，最終帶來消耗殆盡的危險。[8]這篇論文亦指出，提高這種危險的原因在於「視情況調整自身熱情（投入工作的情感與能量多寡）的技巧不足」。

因此，要成為幸福的完美主義者，重點並非無條件地維持在熱情的最高點，而是學習如何根據情況彈性調整。

學著用正向思考重新解讀失敗

即便偶爾碰到失敗，幸福的完美主義者也不會做出反過來責怪自己的行為，這類人反而很懂得在失敗的結果中找出正面的意義。

二〇一一年，肯特大學的約阿希姆・史杜柏（Joachim Stoeber）教授與布雷達大學的德克・楊森（Dirk Janssen）在〈完美主義者如何面對日常生活中的失敗〉的論文中，要求大學生記錄長達兩週的日記，每天寫下自己的失敗經驗、面對失敗的方法與一天的滿意度。[9]這兩位教授要求學生從各種失敗經驗中選出最令自己在意的一件事，並調查參加者「如何」克服困難。在參加者記錄的失敗經驗中，第一名是工作（學業），緊接在後的是與人際關係相關的失敗經驗。

值得留意的是，幸福的完美主義者在回想苦澀的失敗經驗時，較少選擇怪罪自己的方式，而是更經常使用以正向思考重新解讀失敗的應對策略。多虧於此，結果顯示出他們對日常生活的滿意度更高。

依此看來，完美主義者能維持高水準表現，但又不致陷入自我苛責的惡性循環，祕訣就在於即便沒有達成目標，在回想整件事時，他們仍會盡可能為此賦予全新且正面的意義，比如說「我雖然沒有在考試中取得滿分，但成功解開了那道始終弄不清楚的題目！」或是「雖然我在報告時結結巴巴，但該傳達的重點都沒漏掉！」等。

---

6 Slade, P. D., Newton, T., Butler, N. M. & Murphy, P. (1991). An experimental analysis of perfectionism and dissatisfaction. British Journal of Clinical Psychology, 30, 169-176.

7 Dews, C. B., & Williams, M. S. (1989). Student musicians' personality styles, stresses, and coping patterns. Psychology of Music, 17, 37-47.

8 Taris, T. W., van Beek, I., & Schaufeli, W. B. (2010). Why do perfectionists have a higher burnout risk than others? The mediational effect of workaholism. Romanian Journal of Applied Psychology, 12, 1-7.

9 Stoeber, J., & Janssen, D. P. (2011). Perfectionism and coping with daily failures: Positive reframing helps achieve satisfaction at the end of the day. Anxiety, Stress & Coping, 24(5), 477-497.

完美主義的五大視角

懷有完美傾向是什麼意思呢？如同前述，完美主義同時具有追求卓越的積極面，也有逃避負面評價與失敗的消極面。說得更具體一些，觀察歷年來完美主義的相關研究，可知其中存在著分析完美主義的五種代表性視角。

迄今，研究完美主義的心理學家仍是從中擇一進行各種研究。現在就讓我們進一步洞悉完美主義吧。

第一，史丹福大學醫學院的兼任教授、暢銷書《感覺良好：全新的情緒療法（Feeling good: The new mood therapy）》的作者大衛・柏恩斯（David Burns）以自身為憂鬱症患者諮商的豐富經驗為基礎，於一九八〇年代發表了〈完美主義者的自我失敗腳本〉[10]的論文。

在這份論文中，他提出了完美主義的定義，而他的定義，則被指為聚焦完美主義造成的消極面。根據柏恩斯的說明，完美主義是設定難以達成的高標準之後，帶著非達成目標不可的強迫傾向，並且只依此結果來評斷自我價值的性格特質。與這種特性相吻合的案例如下：

◇ 非按照我的想法進行不可，否則我就會承受莫大的壓力。
◇ 有些人會提醒我適可而止，但我卻無法適可而止。實際上，我不知道什麼程度叫適當，所以經常陷入無限加班的循環。但即便如此，我仍難以對工作感到滿足。
◇ 面對公司分派的工作，我既無法說出「我辦不到，有困難」，但也討厭默默扛下工作、承受壓力，最後必須靠加班完成的自己。
◇ 開會前的準備是別人的三倍以上，只能比別人做得更多、更好。凡是我經手的文件，我都會為了改錯字、空格、行距等修正至少五次。

第二，一九九一年，加拿大知名的完美主義研究者戈登·弗萊特（Gordon

Flett）和保羅．休伊特（Paul Hewitt），在發表的論文〈自身與社會脈絡的完美主義〉中提出，除了個人層面，也有必要從人際關係或社會層面去定義完美主義。

他們更以此為基礎，以下列三大要素來解釋完美主義——對自己套用極高標準的「自我導向型完美主義」、對他人要求完美的「他人導向型完美主義」，以及唯有自己完美無瑕，才能得到父母或社會認可的「社會期許型完美主義」。

一般來說，自我導向型完美主義會體現出完美主義的積極面，而社會期許型完美主義則會體現其消極面。尤其是社會期許型的特質明顯時，通常會經歷憂鬱、不安等負面心理症狀。至於他人導向型完美主義，因為每項研究均有不同的結果，迄今仍無法斷言會體現積極面或消極面。這三大類分別會出現下列情形：

自我導向型完美主義

- 經常會說：「我好像是完美主義者。」
- 一旦開始做事，就非澈底做完不可，中途不會停下來休息。
- 對每件事全力以赴很重要。

他人導向型完美主義

- 看到他人可以做得更好卻不思長進，就會忍不住生氣。
- 對重要他人抱持高度期待。

社會期許型完美主義

- 當自己的表現越出色，就越覺得主管說出「下次我也會拭目以待」時的眼神讓人有壓力。
- 討厭稱讚的同時，卻又不斷交代工作的主管。
- 周圍的人持續提出要求，自己卻不懂得拒絕，因此感到很煩燥。

第三，一九九二年，賓夕法尼亞州立大學的羅伯特．史蘭尼（Robert Slaney）教授與攻讀博士學位的弟子道格拉斯．詹森（Douglas Johnson）在詹森的博士論文〈近乎完美的尺度（Almost Perfect Scale，APS）〉[11]中提出構成完美主義的五大要素（高標準、整理癖、不安、拖延、人際關係問題）。

之後，他們又陸續進行了研究。現今則是以史蘭尼教授與同事於一九九六年發表的〈近乎完美的尺度修訂版（APS-Revised）〉[12]為依據，將構成完美主義的要素分成三大類，分別是高標準、整頓（或秩序）及不一致。

高標準是指把自己的執行標準訂得很高；整頓是一種對整潔俐落的偏好；而不一致指的是自己的理想與現實樣貌之間的落差。在這三者之中，大家普遍認為高標準與完美主義的積極面相關，不一致與其消極面相關，而整頓基本上與其積極面有弱關聯性。各要素的特點如下：

高標準

- 對每件事全力以赴。
- 具有追求卓越的強烈欲望。

整頓

・我是善於整理、整頓的人。
・保持簡潔俐落很重要。

不一致

・幾乎不曾有過滿足自身高標準的情況。
・儘管已竭盡全力，結果卻不讓人滿意。

第四，二〇〇〇年，多倫多大學的大衛・鄧克利（David Dunkely）教授與柯克・布蘭克斯坦（Kirk Blankstein）教授曾在發表的〈自我批判的完美主義、因應之道、壓力與疾病〉[13]的論文中，將完美主義的構成要素簡單定義為兩種。第一是設定個人的高標準，第二是對於負面評價的擔憂。

對負面評價的擔憂與對失敗的恐懼密切相關。一般來說，個人的高標準主要與完美主義的積極面相關，而對於評價的擔憂則與其消極面相關。

第五，一九九〇年，美國的心理學家蘭迪・佛洛斯特（Randy Frost）的研究團隊在〈完美主義的低層次〉[14]的論文中提出以下六大要素。第一是對失誤的過度憂慮，第二是整理癖，第三是父母的期待，第四是父母的批判，第五是高成就標準，第六是對行動的懷疑。

佛羅斯特的研究團隊認為，完美主義的傾向本來就是多元的，單憑一、兩個要素難以囊括所有特性。若以這六種特性來檢視完美主義者，就能輕易理解完美主義的傾向源自過去的何種經驗，以及現今主要出現在日常生活的哪個部分。各要素的特點如下：

對失誤過度憂慮

- 擔心失誤，因此不敢發問，與他人分工合作時，工作處理速度也會變慢。
- 光是考慮要把格式合併或分開，就在螢幕前坐了一小時。
- 擔心結果不理想，因此老是拖延該做的事，就算事情結束之後獲得不錯的成果，但只要持續拖延的毛病遭到周遭的人指責，或者收到警告，就會產生想要撒手不管的強烈衝動。

整理癖

・家裡必須時時保持窗明几淨，會花費比他人多幾倍的精力清掃和買菜。
・就算只是去附近的超市也要穿戴整齊。

父母的期待

・父母老是會把我的考試成績拿來和其他人比較，強調我必須考得比他們好，同時還說，要是我沒有全力以赴，以後就會後悔莫及。

父母的批判

・當我的成績未能達到期待時，父母就會責罵我：「你真是成事不足，敗事有餘。」

高成就標準

・自我管理比任何事都重要。要是稍微鬆懈，體重就會回升，因此會進行嚴格的飲食管理。要是認為自己吃多了，不管有什麼事，都會到外頭跑步。
・希望建立聰穎過人的形象，因此會盡可能搜尋全面的資料，只不過，為了寫一份精彩的報告，卻導致作業速度變慢。

對行動的懷疑

・做出某項行動之後，不斷懷疑：「我應該做得不錯吧？」

・為了一個小小失誤而惦記整天或自責。要怎麼做才能活得輕鬆一些呢？

這本書正是以藍迪・佛羅斯特教授的視角為基礎，詳細說明完美主義性格的構成要素，因為這些要素最能反映其優勢與各種細節特徵。

只是，從西方文化圈的美國人身上發現的六大完美主義者要素，東方國家是否也適用呢？

在某文化圈通用的概念或要素，經常難以直接套用在其他文化圈。舉個具代表性的例子，對韓國人來說習以為常的撒嬌就很難在美國等西方文化圈找到，甚至只能直接音譯成「Aegyo」。[15]東方社會與西方社會看待完美主義的觀點會有差異，構成要素的項目與總數也會有別。每個文化理解完美主義的方式不同，因此很難靠相同的題目取得可信度高的回答。

考慮到這樣的文化差異，並設定更適合東方人的標準，經過此書的主要執筆者延世大學心理系李東龜教授，與東國大學教育系的朴賢珠教授在二〇一一年攜手研究[16]，結果顯示出扣除佛羅斯特教授提出的六大要素之一，剩下的五種要素最適合用以定義東方人的完美主義。

具體來說，做法是將佛羅斯特教授的多面向完美主義標準問卷翻譯成本國語言，讓兩百一十三名大學生接受測驗，再分析他們的傾向，檢視東方人的完美主義是由幾種要素構成。結果顯示了一項有趣的事實：東方人並不認為父母的期待與批判是不同的要素。正如同我們會使用「愛之鞭」這個說法，東方人傾向於認為父母的批判性言語或行為，均始於望子成龍、望女成鳳的期待。

為了反映東方社會特性，第二章會將完美主義的要素分成五大類來說明。如同前述，這本書的主要目的之一，在於幫助認為自己有完美主義傾向的人，又或者親朋好友、職場上司之中有完美主義者的人，都能具體了解完美主義的詳細特徵。它能幫助當事人把完美主義傾向培養成健康的競爭力，理解他人的完美主義傾向，促使彼此建立具建設性的良性關係。

10 Burns, D. (1980, November). The perfectionist’ s script for self-defeat. Psychology Today, 34-51.

11 Slaney, R. B., & Johnson, D. G. (1992). The Almost Perfect Scale, Unpublished manuscript, Pennsylvania State University, State College.

12 Slaney, R. B., Mobley, M., Trippi, J., Ashby, J. S., & Johnson, D. G. (1996). Almost Perfect Scale-Revised. Unpublished manuscript, Pennsylvania State University, State College.

13 Dunkley, D. M., & Blankstein, K. R. (2000). Self-critical perfectionism, coping, and current distress: A structural equation modeling approach. Cognitive Therapy and Research, 24, 713-730.

14 Frost, R. O., Martin, P. A., Lahart, C., & Rosenblate, R. (1990). The dimensions of perfectionism. Cognitive Therapy and Research, 14, 449-468.

15 https://en.wikipedia.org/wiki/Aegyo

16 Lee, D-G., & Park, H. J. (2011). Cross-cultural validity of the Frost Multidimensional Perfectionism Scale in Korea. The Counseling Psychologist, 39(2), 320-345.

焦慮自己不完美造成的三大問題

前面提及，完美主義也必然有其消極面。拖延、強迫症傾向的努力、克制減重就是具代表性的三項特質。假如自己具有嚴重拖延且最後索性放棄的毛病，或者害怕喪失掌控權，於是產生莫大壓迫感，又或者目前不斷經歷極端減重與暴飲暴食的心理障礙，最好先仔細檢視自己是否具有完美傾向。

拖延——高標準與自我否定

完美主義者這個詞彙中似乎帶有勤勉之人的涵義，因為它帶給人一種先入為主的印象：完美主義者是在時間內把某件事做得無懈可擊的人。因此，許多人在求職面試時會說自己的缺點是要求完美，並且表示，雖然自己為此感到痛苦，但也因為自己腳踏實地、責任感強，恰恰是組織必需的人才。

有趣的是，部分完美主義者會出現拖延（procrastination）的矛盾行為。拖延指的是眼前有非做不可的重要事情，可是當事者卻一天拖過一天，直到火燒眉毛了才開始著手進行。實際上，有拖延症的完美主義者經常會聽到別人說他們「做出來的成果不錯，但就是做事速度太慢」，所以有人會以天鵝來形容之。

我們會看到天鵝優雅自在地徜徉水面，但在水面下，牠的一對蹼卻時時刻刻都在踢水。完美主義者為了能保持水面上的優雅，並拿出無可挑剔的成果，因此會仔細地逐一確認，而且一旦開始做事，就會耗費如大把流水般的時間。

基於就算耗費時日也要拿出完美成品的想法，剛開始他們會把晚上和週末都投注在工作上，可是就在某一刻，他們卻面臨了超過期限、必須向人低頭道歉的情況。隨著道歉的次數增加，壓力也直線上升，剩下的工作卻一再拖延，直到這段時間內無法顧及的事情逐漸累積，最後終於超出能夠負荷的範圍。在此情況下，一旦壓力大到無法承受，完美主義者就會在某一刻撒手不管，陷入拖延的惡性循環。過去明明經常聽到人家稱讚他們做事勤快，可是為什麼會演變成這樣呢？

心理學家琳・奧爾登（Lynn Alden）與同事在〈在社會恐懼脈絡下的完美主義：關於兩大要素模型〉[17]的論文中說明完美主義者拖延的兩大原因。第一是高標準，其中包含了「絕對不能暴露缺點，不能讓別人看到我的不安」的想法。心理學上稱此為「表現期待（performance expectation）」，它可能是源自自行設定的高標準，又或者是努力迎合他人的高度期待。

就現實面來看，要完全符合他人的標準難如登天。因為我們不可能每件事都去問別人想要什麼、期待我達到什麼水準、喜歡何種字體，又或者想要什麼樣的內容，因此滿足他人可說是天方夜譚。但在這種情況下，就算完美主義者再怎麼認真，仍會擔心對方為了小小的失誤而不高興或嘲笑自己。這種恐懼會驅使完美主義者更極力想要追求他人的認可，並為了避免慘遭拒絕而費盡心思。

當表現期待變高，我們的身體就會轉換為戰鬥模式。這種模式是由不安機制所啟動，原因在於想擁有出色表現，所以會檢視自身所有的行動，並做出預防失誤的安全行為（safety behavior）。一看再看、反覆確認也屬於安全行為。當這種事前預防行為漸趨增加，要做的事情也跟著變多，就會產生倦怠感，最終導致拖延的毛病更加嚴重。

完美主義者之中，具有強烈拖延傾向的人都會花費許多心力達成高標準，可是這種努力卻只會加深不安感，導致工作更容易延宕。即便是做簡報時，他們也會認為，無論是發音、說話速度、流暢性等都必須嚴守規則，而當他們緊張得雙腳發抖時，就會對大腿施力，以停止顫抖的症狀。

但很可惜的是，這種努力只會令自己更加不安，且注意力更難以集中，整個人也更加膽怯畏縮，自信心同時跟著下降，最後造成拖延的結果。不過，並不是擁有高標準的人都會有拖延的毛病。幸福的完美主義者就同時擁有高標準與強烈意志，但做事並不會拖拖拉拉。

第二，拖延的毛病主要發生在完美主義者具有高標準，同時對自己存有負面評價的時候。具有強烈完美主義傾向的人，內心會出現「這樣做好嗎？會不會給人要求太多的感覺？我做錯了嗎？」等源源不絕的懷疑。這種懷疑的背後，正是自我負面評價在發揮作用，像是「其他人一定會把焦點放在我的缺點，深入挖掘我所有的弱點並指指點點」、「我做的事情太讓人不滿意了，絕對無法符合他人的期待」等。

一旦啟動這種負面的自我評價，就很容易錯誤解讀他人的訊號。舉例來說，完美主義者P結束了簡報報告，結果主管問了他一句：「結束了嗎？」事實上，主管可能只是隨口一說，但在否定自己的狀態下，P忍不住心想：「奇怪了，難道我出現了什麼失誤嗎？簡報太短了嗎？還是漏掉什麼了？啊，今天搞砸了。」於是心臟狂跳不已，全身也開始發熱。主管問這句話之後，心思老早就飛到外太空去了，可是P卻流了一身冷汗，整個人被不安感所包圍。

根據一個人產生負面自我評價的頻率，他可能成為幸福的完美主義者，也可能成為不幸的完美主義者。當高標準加上自我貶低的情況頻繁發生，就很容易發怒、不安並陷入憂鬱。但是，對自己設下嚴格的標準，卻不會否定自己的人，他們的成就動機更高，也不會有拖延的毛病。[18]

但這並不是說，想成為幸福的完美主義者，就必須想辦法自我感覺良好，而是避免一味否定自己就行了。強迫對自己感覺良好，也不代表就能打造出健康的心理。我們想告訴大家的是，過度的完美主義會使人經常認為自己沒出息，並為此煎熬不已。

害怕失去掌控權1——痛恨失誤與強迫症

完美主義者總是被工作纏身，寄送電子郵件之前少說會先讀個五遍，寄出之後又深怕有什麼問題，於是按下取消發送的按鈕，再次確認。假如不幸在重讀文件時發現錯字，他的後頸肌肉就會頓時繃緊。完美主義者擔心會有失誤，所以會常伴一股強烈的壓迫感，就算超出體力負荷，他也會馬不停蹄地進行作業，直到達到標準為止。即便只是微不足道的小事，完美主義者也不可能隨便打發，因此總是消耗許多能量，搞得自己疲憊不堪。據說韓國人每年每人喝掉超過三百五十杯咖啡，不是沒有原因的。[19]

這種努力，為的是企圖控制一切，就和希望有安全感，於是控制生活中大大小小的事情相似。想要預測未來、未雨綢繆乃是人類的本性，但完美主義者卻連自身無法控制的部分都不放過。完美主義者不只想要控制自己的想法、情緒和行為，更進一步想控制他人對自己的看法。這是因為他想要阻止他人對自己有負面觀感[20]，只想給人良好印象的緣故。

基於這層理由，完美主義可說是高度控制需求造成的結果。假如這時控制需求超過高水平，極端地表現出來，甚至會造成心理學所說的強迫症（Obsessive-Compulsive Disorder）。強迫症指的是強迫思考（非自願的想法）與強迫行為（非自願的行為）反覆出現的不安症狀，而完美主義與強迫症最大的差異就在於目標有別。倘若強迫症的主要目標是恢復控制力以減少不安，完美主義的主要目標就是做到毫無瑕疵、減少指責。

剛進入社會的新人對工作不上手是很正常的，但具有強烈完美主義傾向的人會渴望成為亮眼黑馬，於是從上班第一天就不惜加班。尤其剛換工作的資深員工會覺得壓力更大，因為就算資歷再豐富，但從必須與新同事在新公司工作這點來看，自己與新人並無兩樣。這時，完美主義者會擔心自己要是稍有手忙腳亂的樣子，可能會被當成不起眼的小咖，因此會緊張兮兮地檢查東、檢查西，好讓別人無法從雞蛋裡挑骨頭。在這種情況下，也就不難想見會承受極大的壓力。

之所以執意追求完美，原因之一在於無法預測失誤時會造成什麼結果。失誤包括了不確定性，某些失誤能獲得饒恕，但乍看之下小小的失誤，也可能引來慘遭解僱的結果。一旦無法預測，就會感到不安，必須做些什麼才會安心，因此會耗費許多工夫來澈底封鎖失誤的可能性。

嚴懲不貸的社會，也增添了人對失去掌控權的恐懼。只要曾經在職場上打滾的人，就會知道承認失誤有多困難。相較於失誤本身，人們更畏懼的是承認犯錯。「對不起，是我一時失誤。」雖然很討厭在說出這句話的時候，必須面對主管斥責：「怎麼會犯下這種莫名其妙的失誤？」但內心更擔憂的是往後被貼上無能的標籤。可是，假如當自己為了小小的失誤而提心吊膽時，身旁有位心地溫暖的心靈導師呢？假如當自己滿臉憂愁地傾吐失誤時，能有個人給予建言，沉著冷靜地提點問題與解決方法，也許，我們就會對自己的失誤寬容一些。

我們是如何看待失誤的呢？對此又是如何反應？事實上，比較完美主義傾向高與完美主義傾向低的人，會發現他們在失誤的次數、頻率或執行結果上並沒有太大分別。[21]這兩類人都可能經常沒聽懂別人說什麼，因此再三提出問題，也可能把文件放在家裡忘了帶，又或者穿了不成雙的鞋子出門。任何人都可能犯下這種失誤，只不過差異在於完美主義者會把自己的失誤記在腦中更久，並且更經常說：「我應該要做得更好。」[22]

對具有強烈完美主義傾向的人來說，不要犯錯的信念大大助長了對失去掌控權的恐懼。主要原因就在於完美主義者很容易把失誤視為自己的全部。心理學會把人從哪個環節尋找原因稱為「歸因（attribution）」。把失誤的原因歸咎於「時機或情勢不利」是屬於外部歸因，認為「是因為我的能力不足或我的不注意造成」則是屬於內部歸因。大家應該能想見，完美主義傾向強烈的人會在失誤時向內尋求原因，並說：「是我能力不足，所以才會失誤」。

「我自己竟然就是個錯誤！」完美主義者大感挫敗、傷透了心，更對自己生氣，而這不僅會導致內心產生更多疙瘩，也會把失誤看得更加嚴重。許多必須兼顧工作與育兒、具有完美主義傾向的父母，就是因為有這種想法，才會奮不顧身地埋頭工作，直到自己倒下為止。

假如因為育兒這種個人因素而對工作造成不便，自己就彷彿成了害群之馬，但如果孩子生病了，自己又好像成了只顧工作卻疏忽孩子的狠心父母，而這兩種情況都是他們無法忍受的。碰到工作與家庭無法取得平衡時，完美主義標準高的父母會歸咎於自己，而且會認為自己不足之處應該在道德上接受指責。這是因為他們無法保持客觀，所以才會用冷酷的角度審視自己。完美主義者無法對失誤睜一隻眼、閉一隻眼，甚至會從道德的角度放大解讀，認為這樣做是錯誤的。

如同前述，完美主義者會花很長的時間咀嚼自身的失誤。他們經常想著失誤，在腦中不斷做失敗的例行練習，時間久了，不安感就會擴大。心理學稱此為「預期性焦慮（anticipatory anxiety）」，指的是在預想失敗的情況下心生不安。

因為不安，所以會再三確認並修正無數次，可是卻又把成果藏起來，不敢拿給別人看。最後，對失去掌控權感到不安，同時又擁有拖延毛病的人，就會逃避寫作業，一再拖延，也會忌諱其他人對此進行檢討或評論。[23]

這種傾向會妨礙一個人的成長。越是逃避會引發恐懼的情況，內心就越容易感到不安。先前就有人說過，因為人類具有想像力，所以會感到恐懼。只要實際體驗過，就會輕易領悟到這根本不算什麼，但因為只顧著空想，導致不安和恐懼蠶食了心靈。

好比說，觀看恐怖片時，若是一扇緊閉的門後頭傳來不明的聲音，主角就會感到背脊發涼，完全不敢轉頭，同時被彷彿心臟快跳出來似的恐懼所籠罩，不安地顫抖。可是，當他鼓起勇氣開門，確認聲音的來源是在風吹之下不停晃動的窗戶，不安的心就能隨即鎮定下來，找回平靜。

要是一味擔憂無法控制自己並犯下失誤，成天惶惶不安，就會消耗過多的能量在安撫內心的焦慮上頭，亦即，只顧著做強迫性的努力，卻錯失真正重要且必要的事。

要銘記在心，唯有擺脫非得控制不可、必須能夠預測的想法，才可能找到應對方案。與其執意追求完美，不如維持適當的期待水平，事情實現的機率會提高，也能輕易地找到更好的應對方案。好好檢視一下內心，你是否認為生活中只能有非得、絕對、一定要控制不可的選項，於是遺忘了其他美好的事物。雖然知易行難，但試著做些有助於個人成長的練習，創造能吸收建設性反饋的餘裕吧。

害怕失去掌控權2——極端減重

當完美傾向、對生活與對自己的不滿足結合，甚至可能造成飲食失調（eating disorder）。處於這種狀態的人會制定出超精準的菜單，要是比預定分量多吃了一點，就會認為自己澈底失控，除非消耗完超出的卡路里，否則就不停止運動。

假設一個香甜的紅豆麵包是兩百卡路里好了，那麼這個人會為了消耗掉攝取的熱量，以時速八公里的速度跑步半小時。在此情況下，遵守絕食菜單、進行極限運動、彷彿失去理智般暴飲暴食的情況就會交替出現。

在追求完美的同時，完美主義者依然會持續感到無法滿足，產生匱乏感。他們會有一股強烈的慾望，想要藉由完美地控制某件事，以達到真正的成功。絕對不會惹是生非的完美主義者，反而可能面臨飲食失調的嚴重情況，因為性格溫順、極度具有良知、做事面面俱到的完美主義者，會透過各種方式達到他人眼中認定的完美水準。

這些人認為，儘管無法使他人遵照自己的意思行動，但至少自己的行為可以隨心所欲，所以會試圖以嚴控食慾與體重的方式來達到真正的成功。

想必大家都知道，攝取五百大卡的熱量之後，就生理上而言，是不可能透過運動完全消耗掉的。即便知道不切實際，但當滿腦子想要減重的完美主義者站上體重計時，假如沒有看到心目中的體重，就會大感挫敗。

接著，他會刻意穿上不透氣的服裝運動、大量服用利尿的藥物或食物、服用通便劑。管他是汗水還是什麼，只要能夠排出體內，使體重變輕就行了。他會執行完美減重、遵守完美的運動規則、完美的飲食菜單、達到完美的體型與體重，若是事情不如己意，就會感到羞恥萬分，恨不得挖個洞鑽進去。

何以控制體重會成為重要的主題呢？難道完美控制食慾的行為背後有某種心態在運作嗎？美國的心理學家托德．希瑟頓（Todd Heatherton）與羅伊．鮑梅斯特（Roy Baumeister）在〈飲食障礙的規避經驗模式〉[24]這篇論文中解釋，完美主義者會為了逃離否定自己時所衍生的痛苦，採取極端減重的方式。

有強烈完美主義傾向的人認為，是因為自己有缺陷，才會遭到別人拒絕。在這個過程中，他很容易會認為自己是無用的廢物。此外，這樣的人雖然很容易感覺到痛苦，卻很難感受到人生的喜悅、開心與滿足感，因此對於痛苦的感受要比平凡人更加深刻。

當一個人覺得自己不該存於世上，不斷認為人生很空虛時，就會很自然地尋找擺脫負面情緒的方法，而最具代表性的宣洩出口就是絕食減重。他會為了把自己打造成更好的人，制定具體且嚴苛的目標（完美的身材數據、如紙片人般的體重），同時又會如同兩側視角被遮住的賽馬般，一心執著在運動、減重與鍛鍊出姣好身材的目標上頭。

當完美主義者能遵守一般人難以執行的嚴格飲食菜單、消化龐大的運動量、過著禁慾般的生活等，他就會獲得彷彿掌控人生的滿足感，對自己感到驕傲與自豪，而原本壓在心頭上的自卑感，也因此能暫時被抹去。

選擇極端減重，不見得是因為體重影響到自尊感低落。目標可能源於自己的不足，但也可能是源於自己最感自豪的部分。假設大家都稱讚你擁有苗條結實的身材，你就會很自然地希望身材變得更苗條、更結實。儘管每個人認為重要，甚至設定目標的領域各不相同，但假如對某個完美主義者來說，自尊感的來源多半來自體型或體重，那麼他就會不惜使用不當的方法（服用催吐劑、瀉藥），以維持完美體型與體重。

減重會使外型出現明顯的變化，也因此會明顯感覺到別人看待自己的眼光有所改變。當每個人都稱讚你和以前不一樣了，就很容易產生成就感。心理學把這種依賴他人的認同、成就感等正面報償的傾向稱為「報酬依賴性（reward dependence）」，而出現飲食失調症狀的完美主義者，基本上他們的報酬依賴性都很高。因此，一旦有了成功減重、自尊感提升，以及一口氣收到認同和讚美的經驗，完美主義者就會竭力去獲得這種獎賞，哪怕是會因此傷害身體。

在此情況下，就連一般能不帶任何罪惡感享用的分量，都會引發完美主義者的不快與心理上的不安，而且要是吃了什麼，他就會神經兮兮地擔心自己變胖。就算是感到飢餓，他也無法拋下要變得更瘦的想法，因此放棄進食。直到再也無法忍受，才又狼吞虎嚥、暴飲暴食，然後又因為自己打破原則而感到不安，於是做出催吐行為或強迫自己運動，最後形成一種惡性循環。

除了飲食或運動，完美主義者在打掃、整頓家裡或人際關係上，也很可能會逃避無法預期的摩擦，在生活各方面追求完美。完美主義會對一個人的整個人生造成影響，像是具有完美主義傾向的人，就會鑽牛角尖地追求自己認為重要的部分（例如控制食慾）。

基於這種理由，假如完美主義者唯一關心的事情，是在特定領域達到登峰造極的成就，那麼他的視野就會變得極為狹隘。把注意力完全放在完美控制食慾的人，會覺得和親朋好友一起用餐很不自在，所以會迴避聚會，或導致過度減重。亦即，無論是任何事情，他們都只聚焦在食物和體重上頭，因此遺忘了什麼對自己來說才是珍貴的，甚至人生就只剩下減重這件事。他們會連什麼時候關心過自己的健康、人生和幸福都不復記憶，而真正重要的價值也變得模糊不清。

過度的完美主義會使我們用負面視角看待自己，讓我們陷入痛苦之中。完美主義者的某些堅持，像是非得控制不可、無法容許任何模糊地帶等，則澈底抹去了其他更好的選擇餘地。為了避免空虛感、不適感等負面情緒，所以把注意力全部放在減重上頭，就與在閃耀的人生道路上設置禁止通行的標誌是相同的。

事實上，完美主義造成的煩惱很單純，就是期望與實際狀況有所出入。許多時候，期望與現實就像白晝與黑夜般壁壘分明，只是，究竟是什麼妨礙我們活出夢想中的人生呢？完美主義到底是什麼，為何它會扯住我們的後腿，阻礙我們前進呢？

17 Alden, L. E., Ryder, A. G., & Mellings, T. M. B. (2002). Perfectionism in the context of social fears: Toward a two-component model. In G. L. Flett & P. L. Hewitt (Eds.), Perfectionism: Theory, research, and treatment (pp. 373-391). American Psychological Association.

18 Hamachek, D. E. (1978). Psychodynamics of normal and neurotic perfectionism. Psychology: A Journal of Human Behavior, 15(1), 27-33.

19 https://www.sisajournal.com/news/articleView.html?idxno=194823

20 Frost, R. O., Turcotte, T. A., Heimberg, R. G., Mattia, J. I., Holt, C. S., & Hope, D. A. (1995). Reactions to mistakes among subjects high and low in perfectionistic concern over mistakes. Cognitive Therapy and Research, 19(2), 195-205.

21 Lo, A., & Abbott, M. J. (2013). The impact of manipulating expected standards of performance for adaptive, maladaptive, and non-perfectionists. Cognitive Therapy and Research, 37(4), 762-778.

22 Frost, R. O., & Henderson, K. J. (1991). Perfectionism and reactions to athletic competition. Journal of Sport and Exercise Psychology, 13(4), 323-335.

23 Meyers, A. W., Cooke, C. J., Cullen, J., & Liles, L. (1979). Psychological aspects of athletic competitors: A replication across sports. Cognitive Therapy and Research, 3(4), 361-366.

24 Heatherton, T. F., & Baumeister, R. F. (1991). Binge eating as escape from self-awareness. Psychological Bulletin, 110(1), 86-108.

第2章

完美主義怎麼養成的？

——使我們成為完美主義者的五大要素

追求完美的你必須知道的事

從第一章中，我們得知有半數以上的人具有完美主義的傾向，以及統計資料顯示完美主義有助於達成目標。但很矛盾的是，我們也從問卷調查中得知，完美主義者的人生並不怎麼幸福。這顯示出人們在看待完美主義時，是處於一種「這種傾向確實能帶來好處，只是會把自己搞得很累」的兩難困境。

不過，大部分的性格特徵其實都藏著這種兩面性。好比說，謙遜就是深受讚許的美德，因為謙遜的人不會自吹自擂，能與他人相處融洽，所以和他人的摩擦少，也容易與大家打成一片。但假如一個人謙遜過了頭，那可就適得其反了。

在必須拿出成績強力推銷自己的競爭情況下，假如為了保持謙遜的形象而遲疑不決，反而等於是自行踢開了眼前的大好機會。此外，當這種情況三番兩次地發生，謙遜的人可能就會產生講話大聲的人贏的感受。即便在外人的眼中，你是個溫柔和氣的人，但實際上你的內心卻衝突不斷，而且對身邊的人和工作也充滿了不安與懷疑。

也有相反的例子。固執的人經常給人不懂得通融、一板一眼的感覺，因此很容易讓人覺得他頑固不靈，但假如能根據時機調整自己的固執，反而可能變成是信念很強的優點。假如一個人能不顧親朋好友的勸阻，依然不屈不撓地努力，最後終於取得佳績，那麼他的固執也將成為眾人讚譽有加的優點。

因此，我們要銘記在心，無論是任何性格特質，都沒有絕對的好或壞。如同我們常說的 case by case、因人而異，每個人的完美要求程度各自不同，形式也各有差異。最重要的是，即便是同一個人，根據他所面臨的情況，完美主義可能是優點，也可能是缺點。

你可能會好奇，進一步了解完美主義究竟有什麼好處。因為你會認為，假如到頭來都是 case by case 的話，那麼就算理解完美主義的特徵，也不會帶來太大的改變。但是，假如讀完第一章之後，你就已經感覺到「我好像真的是完美主義者！」那麼，閱讀這本書之後，你將會懂得如何掌控自己的完美主義傾向，並以幸福的完美主義者之姿重生。

為此，在第二章，我們將會把完美主義者區分為不幸的完美主義者與幸福的完美主義者來進一步說明。或者可以換個說法，以完美主義的不適應面與適應面來稱呼。分開說明的原因很簡單，完美主義的不適應面會妨礙你的幸福與狀態，但適應面卻能助你活出卓越人生，而人們冀求的，當然都是後者。

世界上不乏全然投入、達成目標並獲得滿足感的幸福的完美主義者，這些人可說是人生勝利組，備受周遭的人尊敬。

其中一例，就是美國大名鼎鼎的心理學家亞伯・艾里斯（Albert Ellis）。他是位充滿熱情的完美主義者，創下的紀錄包括了長達七十五年以上的歲月，每天從早上八點半開始工作到凌晨三點半，一生出版了四十五本書、四百篇學術論文、舉辦兩百場有聲及錄影演講、六十次演說和工作坊。此外，他一生摒棄奢侈，過著儉樸的生活，甚至把從事演講與諮商的收入和出書版稅捐給非營利機構，照顧身邊的人不遺餘力，是個連內在無可挑剔的人。[25]

事實上，艾里斯是在不幸的家庭環境中長大。他那擔任流浪業務員的父親，在艾里斯十二歲時與妻子離異，從此不再照顧家庭，而艾里斯的母親也對家務事與子女教育不聞不問。結果，除了艾里斯之外的兩個弟妹，都帶著對惡劣環境與父母的埋怨，長成了令人頭疼的問題人物。然而，即便在相同的環境下長大，艾里斯也沒有批判自己的父母，他反而給予諒解，認為父母是沒有養育孩子的能力，而非惡意地棄子女於不顧。

還有，艾里斯本來以為自己的博士論文能順利通過，但在最終審查時，卻在幾位審查委員的反對下未能順利通過。不過，艾里斯並沒有像不幸的完美主義者一樣滿腔憤怒或羞恥不已，而是試著從自己的處境中找到最佳辦法。經過再次努力，他順利通過第二次審查，取得了光榮的博士學位。即便身處逆境，卻仍抱持不屈不撓的熱情，以及追求完美的性格，使艾里斯成了美國歷史上數一數二的心理學家。這樣的他，正是一名幸福的完美主義者。

透過這樣的人物，我們可知幸福的完美主義乃是人生中一面堅實的盾牌。不單是工作，它也替人際關係、興趣等人生面向賦予動機。由於這些人並非迫於無奈，而是主動傾注所有熱情、帶著高度的動機投入，因此取得了許多成就。就像描繪美麗的螺旋狀，累積越多的成功經驗，幸福的完美主義者越能維持高度動機，面對任何事情，也都能信心滿滿。

更甚者，真正的幸福完美主義者懂得調節完美主義施展的時機（為了自己的精神健康著想，知道何時必須降低完美主義的標準）。即便事情不如預期，自己犯下失誤或沒能達到目標時，他也不會過度自責。簡言之，在施放名為完美主義的風箏時，何時應該把線拉緊，何時又該鬆手把風箏交給風，他們都拿捏得恰到好處。

可惜的是，任何人都會碰到就算竭盡全力卻依然無法如願的困境。好比說，雖然在工作上追求完美，也為了升遷而花心思管理人事考核及口碑，可是帶領自己的主管卻突然被派到國外，導致所有努力頓時化為烏有。又或者，即便從小就遵照規劃好的人生藍圖並全力以赴，但原本深信不疑的機緣卻毫無預警地離去，或是基於外部原因而經歷考驗。

人生就是這樣，充滿了無法預測的不確定性。碰到自己認為有價值的事時，幸福的完美主義者就會義無反顧地勇往直前，但假如都做到這個份上了，事情還是進行得不順利，他就會平心靜氣地接受現實。

他會趁短暫休息的時間安撫內心的惋惜，把從失敗中學習到的收穫應用在下一次。因為對這些人來說，無論失誤或失敗，單純只是做那件事時失敗了，並不會威脅到自己的存在，因此很快就能拋到腦後，重振旗鼓。

幸福的完美主義者就是這樣，很懂得「巧妙善用」自己的完美主義。他們的作風就像是新新人類，令人印象深刻，但只要肯下工夫，任何人都能像他們一樣。

本章將檢視造成完美主義的五大要素。如同第一章所說，構成完美主義的五大要素如下：

第一，對失誤過度憂慮。
第二，整理癖。
第三，父母的高度期待。
第四，高成就標準。
第五，對行動產生懷疑。

無論是幸福或不幸的完美主義者，這些要素都同樣適用。不會因為是幸福的完美主義者，就擁有百分之百的正面要素，而沒有半點負面要素。由於這五種要素密不可分，因此我們要理解，只要具有完美主義的傾向，這些要素就都是存在的，只是程度有別罷了。

第二章的目標，是透過明確理解完美主義的五大要素，更積極地運用完美主義的優勢，而對於一旦過度就可能成為毒藥的劣勢，則必須培養出調節的能力。相較於完全消除心理上具備的特質，配合程度逐步刪減會輕鬆得多。記住，充分理解自己的完美主義，善加利用強項，就能成為幸福的完美主義者。

25 李東龜譯（2011），心理學情緒行動治療的創始者：亞伯・艾里斯（Albert Ellis）首爾：學志社（原作者：Yankura & Dryden, 1994),

要素1
對失誤過度憂慮

完美主義的第一個要素是對失誤過度憂慮。完美主義者希望自己完美，只要犯下失誤，心情就會變得很糟，或者非常擔心名聲會變差。

假設部長看了完美主義者A所撰寫的企劃案之後，笑著說：「金代理，你有三個錯字，該打起精神囉。」這時A就會滿臉通紅、感覺丟臉到家，而當天晚上，他也鐵定睡不著覺。因為無止境的羞愧與自我憤怒會接二連三地折磨他，像是「怎麼會犯下這麼莫名的失誤？」、「部長稍微看一眼就抓到了，為什麼我就眼殘沒看出來？」、「如果直接把報告呈上去給社長，我就會變成一無是處的垃圾吧？」

經過這一夜，A再次犯下相同失誤的可能性大幅降低。因為，為了避免折磨自己的相同情況，他下一次就會做到萬無一失、滴水不漏。完美主義者就像這樣，對失誤深惡痛絕，因此會竭力做好事前防範，也多虧於此，他們多半都能取得出色的成績。但是，倘若無法拋下失誤所引起的羞愧、擔憂與不安，情況就不同了，因為他可能會在失誤中鑽牛角尖，以致錯失其他重要的部分。

就A的情況來說，他可能會碰到沒辦法如期完成企劃案、準時繳交的困境。一般人通常會把細微的失誤與致命性的失誤加以區分，把重點放在自己認為更重要的部分上，但完美主義者A則可能把時間都投注在細枝末節的錯字上，結果沒能遵守準時交件這項更重要的約定。

完美主義者對失誤的憂慮，會以兩種形式出現。第一，追求成功的同時，為了避免犯下相同失誤，因此持續不懈地努力。第二，犯下失誤時，會對此鑽牛角尖，並且會過度緊張，擔心再次犯下相同失誤。令人遺憾的是，多數完美主義者會過分擔憂失誤，卻低估了自己追求完美所付出的努力，所以會陷入「我是做事粗心、性格散漫的人」的想法，卻看不到自己有多麼值得信賴。

此外，會令完美主義者感到羞愧的失誤，與一般人看作失誤的範圍是有差異的。非完美主義者不當成一回事的細微失誤，經常是完美主義者無法接受的。

讓我們再看一下A的案例。實際上，企劃案的生命在於想法的創新與執行可能性，錯字不是什麼太嚴重的失誤，先跳過不管也無妨。與其擔心每個句子會出現錯字而提心吊膽，等到檢查最後版本的企劃案時再一起修正錯字，工作反而會更有效率。

但是，這個小小的失誤在完美主義者A的心中留下了極大的汙點，即便A寫出了讓人拍案叫絕的企劃案，但他仍會在細微的失誤上停滯不前，自責不已。

如果像這樣，就連細微的失誤都當成重大錯誤，花費太多力氣在清除風險上頭，就很容易遺忘追求成長、卓越及成就感的喜悅。適度的緊張感有助於追求目標，但過度的憂慮會貶低自我價值，並帶來因小失大的惡性循環。就結果來看，這會妨礙一個人成為幸福的完美主義者。那麼，何以失誤會有這麼大的存在感呢？

過度放大失誤的原因

失誤會變得如此重要，是因為完美主義者追求全然且高貴的零缺點，所以完美主義者所說的失誤，要比「哎呀，把原子筆掉在地上了」這種不小心犯下的失誤沉重許多。

想像眼前有一個裝著清水的杯子，接著在清澈的水中滴下一滴紅色墨水，瞬間墨水擴散開來，染紅了水面。假如沒有把變色的水倒掉，當然就無法恢復過去的狀態。對完美主義者來說，失誤就是這種存在。發生一個小小的失誤，自己的形象就會全盤扭轉。

此外，完美主義者能夠神準地偵測到完美出現裂痕的瞬間，而感覺不放心、好像哪裡出現了嚴重錯誤的恐懼也接踵而來。這些人會更加敏感地透過本能迴避不快感，甚至為了尋找完美的感覺而徘徊不定。因此，他們可能並未具體思考過夢中描繪的完美狀態真正是什麼。現在，我們就來腦力激盪一下吧，我所認定的完美究竟是什麼？

對你來說，「完美的狀態」意味著什麼？
要到什麼程度才能稱為「完美的狀態」？

完美的定義五花八門，因人而異。舉例來說，新人B追求外貌上的完美，假如她在公司發現外貌有美中不足之處，甚至會恨不得立刻跑回家去。而且唯有從清晨五點著手準備上班，內心才會感到輕鬆。為了肌膚狀態著想，她必須在晚間十點前就寢，而且為了補充睡眠時流失的水分，她會在早上仔細地清潔臉部肌膚，塗抹六種以上的基礎保養品之後，再悉心地上妝。等到連髮型都整理完畢，早晨的儀式就等於完成了一半。而她也不辜負完美主義者之名，前一天晚上就挑好了幾套服裝，而早上則是為了配合妝髮選擇合適的服裝與設計，又多花了半小時左右琢磨。最後，挑選讓服裝錦上添花的飾品，再拿著小鏡子三百六十度檢查髮型有沒有塌掉，上班的準備才總算大功告成。

C是一名自由工作者，把交出受客戶肯定的完美成品看得比什麼都重要，唯有所有客戶稱讚自己花費心血完成的設計提案，他才會感到心滿意足。就算再怎麼微不足道，只要受到批評就是不行，所以他會竭力將客戶要求的事項百分之百反映在成品上頭。

因此即便時間緊迫，他卻因為不想要求延長期限，落人口實，因此就算熬夜也要把工作完成。儘管結束工作後他累得像條狗，但客戶對之前的專案讚不絕口，因此他只能咬牙扛下令身心疲憊的工作排程。只要能維持過去至今近乎完美的形象，任何犧牲他都在所不惜。

但是，我們沒有辦法得知什麼是「完美的狀態」。假設在拚死拚活的努力之下，終於在期限內完成提案，也辦完了說明會。所有客戶都對C設計的產品給予肯定，甚至還有些客戶不停吹捧，說C果然名不虛傳，設計的成品是業界第一。

可是，有位客戶在C進行簡報時，卻從頭到尾都露出深不可測的表情，讓C久久無法釋懷。那位客戶的心中究竟是如何評價的呢？剛開始說明提案內容時，那人似乎欲言又止，難道是覺得不滿意嗎？為了滿足所有客戶，C已經做到不能再更好了，可是心中卻始終有什麼懸在那裡似的。接著，C暗自下定決心，從下次開始，就算沒有時間，也要把提案事先排練過一次。

最後的完美狀態，由誰來定義？

全白紙上只要稍微印上黑點，就會變得很顯眼。即便完美主義者達到百分之九十八的成功，卻對百分之二的不足耿耿於懷，原因在此。若是不顧一切追求毫無瑕疵，失誤就會被放大，同時也會把自己朝著目標前進的事忘得一乾二淨。

對完美出現裂痕的恐懼

追求完美是完美主義者的本質。心理學把完美主義這種不會因情況或時間改變的屬性稱為「性格特質（trait）」，而特質是讓人看起來表裡一致的心理傾向。完美主義是一種穩定的特質，因此可以作為與他人有所區隔的指標，也能用來預測往後的行動。

相反的，有些屬性會根據狀況而時時改變，心情就是個具代表性的例子。就算帶著非常美麗的心情展開一天，卻不巧碰上一陣急雨，或者被奔馳而過的卡車噴得一身泥漬，心情可能瞬間就會變得很不美麗。儘管想時時保持好心情，卻無法如願，原因就在於心情具有會依情況而改變的屬性。

假設上班族D正要迎接完美週末的到來。晴空萬里的週末早晨，加上不冷也不熱的氣溫，就連空氣品質都顯示良好。而且，重要的小組專案剛好結束，可說是連工作壓力都一掃而空，心情輕鬆無比，D很期待這種完美可以延續整個週末。

但是，讓D覺得完美的條件，是屬於他所無法控制的領域。無論是天氣或空氣品質，讓D感到完美的條件都是轉眼間就會改變。換句話說，符合天時地利人和的情況，是一種近乎幸運、剎那間才能感受到的完美。等到完美的剎那逝去，只要發現一個讓自己不滿意的地方，D就會想：「完美就應該持續下去啊，是哪裡出了差錯！」但這是任何人都無法解決的問題。

對完美主義者來說，完美是迫在眉睫的問題，一旦浮現完美遭到毀損的念頭，他們就會彷彿置身煉獄。儘管完美本身在各方面就是不穩定的，但只要覺得自己沒辦法達到完美時，完美主義者就會深陷自責之中。他會想，我的心情竟然糟成這樣，不完美確實是個可怕的玩意。亦即，完美主義者會將自己的鬱悶解讀為自己失敗的證據。[26]

讓我們再來思考一下D的狀況。D過度擔憂發生失誤的標準要比其他因素高，儘管外頭天氣和煦，也沒有剩下的工作要做，D能帶著輕鬆的心情迎接週末的早晨，並獲得滿足感，但光有這種滿足感依然不太夠。以下是D認為維持完美週末所需的條件。

幸虧小組專案結束了，所以才能難得迎接沒有工作壓力的週末，但是，我可

能會在無意間接到主管的電話，或者確認訊息時收到工作相關事項。因此，當週末到來時，我必須把公司的人、客戶負責人或其他工作相關人員的電話號碼全都設為拒接來電，還有把公司的小組聊天室通知關掉，才能享受完美的週末。為了能進行滴水不漏的封鎖，我會在週五下班的路上、睡覺前與週六起床之後分別確認訊息通知都確實關掉了。

接下來則是D能在晚餐前完美度過的條件。

晚上七點約好和朋友在「美食小吃」餐廳前面見面，因為餐廳的名稱實在太過普通，搞不好會有兩間以上的「美食小吃」，所以我事先確認過。再來，如果想在七點前抵達，那麼至少下午四點四十分就要開始準備外出。（為了防止自己遲到，於是）事先設定鬧鈴，從四點開始每五分鐘響一次。如此，與朋友見面的完美計劃也就完成了。

檢視D的完美週末計劃之後，心情怎麼樣？光是讀完這些，就覺得呼吸困難、胸口發悶嗎？又或者認為「如果想要度過完美的週末，制定這樣的計劃是必要的吧？」假如是後者，那麼你肯定也跟D一樣，曾經因為自己的完美主義傾向而承受莫大的壓力。

為了守護完美週末不會被搞砸的各種條件，D的內心覺得自在、幸福嗎？若進一步檢視這接近強迫症的事前計劃，感受到的大概不是幸福，而比較接近恐懼和不安。我們能充分猜想得到，D害怕無法完美（或失去完美）所付出的努力，為自己帶來了哪些情緒。

擔心自己會不小心接到工作上的來電，導致整個週末被毀掉，於是把每一個電話號碼都設為拒接來電，但即便這樣做，D依然很可能會無法好好享受週末清晨的悠閒。

對失誤過度憂慮傾向高的完美主義者總是很努力地奮鬥，他們會在傳送電子郵件之前將內容讀過二十遍左右，外出之前也會多次檢查自己在鏡子中的模樣。儘管他們認為只要自己持續努力、再加把勁，對失誤的恐懼就會降低，可是過度追求完美的努力卻帶來更大的不安，使他們變成不幸的完美主義者。

追求完美與預防失誤的平衡

相較於澈底的失敗，完美主義者主要是擔心失誤會使事情無法達到完美，於是早早就開始杞人憂天。好比說假設有兩種人，一種是在既定的情況下全力以赴的人，另一種則是克服所有限制，為了追求完美而奮鬥的人，當這兩者發生失誤時，何者會承受更大的壓力？想當然爾，後者的挫折與懊悔程度都更高。

儘管對失誤過度憂慮傾向高的完美主義者，會為了防患於未然而傾注許多努力，但即便是面面俱到的人，也無法事先得知無法預測的事件或意外。即便再怎麼滴水不漏的計劃，碰到無法預測的變數，也只能束手無策。

一味把焦點放在對失誤的恐懼上，認為非順利不可的話，即便只是過程出現一絲裂痕，內心都可能會為之動搖。而且，如果確信這個裂痕是因自己的失誤而起，完美主義者就會因羞愧而深感煎熬。想把有意義的事情做好是很理所當然的，但是被「啊，失敗的話怎麼辦？」的恐懼淹沒時，就會不斷回想過去失望透頂的經驗，加深擔憂。同時，完美主義者還會處心積慮地預防失誤，掩飾自己的不足。

但是，一旦被害怕失誤的恐懼淹沒，以致遺忘了自己的付出與努力，內心就可能會被憂鬱、不安與壓力所蠶食。[27]為了避免無法達到完美時所造成的痛苦，所以付出更多的努力，可是越努力卻越憂鬱、越不安，壓力也越大。在此情況下，努力只會擴大恐懼感[28]，並成為一種毒藥。

如同前述，對失誤的擔憂可以分成預防失誤與追求完美的努力兩種。預防失誤是為了避免不樂見的結果，於是盡可能消除缺點，而追求完美的努力則是為了把事情做好，創造完滿的結果而盡心盡力。當追求完美的努力與對失誤的恐懼之間找到平衡點，就可能帶來正向的結果。[29]

此外，只要記住預防的方法也分成各種面向，那麼就算不完美，也不會感到挫敗不已。完美主義者在做事前預防時，通常會把目標放在剷除潛在的問題，將傷害最小化，但培養承受問題的力量或強化因應能力，也是一種預防的方法。還有，遏止問題擴散亦是方法之一。記住，就算犯下任何失誤，這段時間的努力也不會變得一文不值。

想成為幸福的完美主義者，就必須替努力達到目標的時間與過程賦予意義。這絕對不是一種接近精神勝利的自我合理化。即便完美主義者拿出了許多亮眼成果，卻總是過度謙遜，貶低自己凡事都會出錯。身為心理學專家，我們想傳達的訊息之一，就是儘管身為完美主義者的你會低估自己的努力，但無論結果是好是壞，為目標努力都是值得稱許與不凡的。

我們尤其希望你能記住，儘管內心害怕會搞砸事情，但又不輕言放棄，努力達到完美，這真的是一件很了不起的事。就算你留意到自己犯下小小的失誤，或者結果讓人略感失望，也對自己寬宏大量一些吧。同時也為過去辛苦的自己打打氣，還有為即便在喘不過氣的情況下，依然不輕言放棄的自己驕傲一回吧。

或許，完美主義者是因為想要隱藏自身的恐懼，並獲得更多的成果，所以才更增添了痛苦的程度。儘管他們為了呈現完美的形象而拚命搏鬥，實際上卻希望能不受評價的束縛，獲得自由，還有持續地探索對自己來說真正重要的是什麼。追求卓越明明是件值得開心的事，可是絕對不能失誤、非完美不可的想法究竟是打哪來的呢？

假如你認為擔心失誤就等於闖下大禍，為此戰戰兢兢的自己很可憐，假如你對這樣的自己抱持著深沉的悲傷，那麼就盡情地去悲傷吧。忠實地表達出悲傷，是維持健康心靈的一帖良藥，同時也要記住，不完美也沒關係，失誤也沒關係。無論是任何情況，失誤都不代表失去控制權。

給完美主義者的信

對失誤過度擔憂的完美主義者，會在每天早上展開一天的行程之前如此祈禱：「拜託，請別讓我犯下愚蠢的失誤，把事情搞砸了。」結束一天時，他們則會這樣說：「整天緊張兮兮的，好累啊，可是不這樣內心又很不踏實……」

根據格式塔（gestalt）諮商理論，完美主義者能夠神準地察覺非常不起眼的失誤，可是卻無法觸及對自己來說非常重要的核心。為了達到本書的目標——成為幸福的完美主義者，你有必要好好安撫自己，避免自己即便竭盡全力之後，仍因為無法控制的變數而大失所望、陷入憂鬱或感到不安。

但是，正如同彷彿天下太平般只顧著高歌的螽斯，不可能一夕之間就變成勤奮的工蟻，從現實層面來看，向來辛苦做工的螞蟻也不太可能突然拋下一切，停下腳步休息，並全心全意照顧自己的心靈。

就算強迫自己休息，想必內心也沒辦法泰然自在。格式塔療法的創始者弗里茨．皮爾斯（Frederick Perls）曾經留下了一封信[30]給這類完美主義者，現在就讓我們來好好吟味一番吧。

我熱愛失敗的嘗試。
雖然箭靶的中心只有一個，
但犯錯，意味著先前有過無數次美好的嘗試。
朋友啊，別當個完美主義者，完美主義總是緊張兮兮的，
會為了無法瞄準獨一無二的靶心而惶恐、顫抖。
但是，倘若你能接受自己原來的面貌，
你就已經是完整的了。
朋友啊，別害怕犯錯，
犯錯並不是一種罪惡，
因為失誤能讓人有所創造。

——一九六九年，皮爾斯於德國某諮商室

---

26 Burns, D. D., & Beck, A. T. (1978). Cognitive behavior modification of mood disorders. In J. P. Foreyt et al. (eds.), Cognitive behavior therapy (pp. 109-134). Springer, Boston, MA.

27 Smith, M. M., Saklofske, D. H., Yan, G., & Sherry, S. B. (2015). Perfectionistic strivings and perfectionistic concerns interact to predict negative emotionality: Support for the tripartite model of perfectionism in Canadian and Chinese university students. Personality and Individual Differences, 81, 141-147.

28 Rice, K. G., & Ashby, J. S. (2007). An efficient method for classifying perfectionists. Journal of Counseling Psychology, 54, 72-85.

29 Gaudreau, P., & Thompson, A. (2010). Testing a 2×2 model of dispositional perfectionism. Personality and Individual Differences, 48, 532-537.

30 盧安英（2018），諮商心理學的理論與實踐，首爾：學志社。

要素2
整理癖

完美主義的第二個要素是整理癖。對有整理癖的完美主義者來說，維持整潔和秩序無疑是世界上最重要的事。當所有物品都歸位時，他們會感覺到這是最完美的。當這種傾向轉移到需要做出判斷的範疇時，他們就會偏好把明確的基準當成依據，並按此基礎決定的順序或規則執行每件事。因此，若是對這些人提出看情況再說或先出門再決定餐廳等含糊的提議，可能會導致意想不到的強烈反彈。

對多數完美主義者來說，不失去控制權的感覺是很重要的，而具有整理癖的人，會為了維持控制所帶來的安定感，展現出主動干涉環境的傾向。

偶爾我們會看到有些人碰上事情不順心，卻無法解決狀況時，於是像是被蠱惑似地開始整理家裡。當這些人結束打掃，看到一塵不染、井然有序的環境，並為此感到心滿意足時，便會像是找到某種解決之道般顯得輕鬆無比。事實上，當完美主義者需要確認自己擁有支配空間的影響力時，清掃是最確實的方法之一。因此，在事情不順心時投入打掃，可以看成是內心正在想辦法恢復控制權的表現。

完美主義者會做好細部規劃並加以掌控，也把秩序和整頓看得很重要。此外，他們具有明確的目標意識——達到完美，因此會採取有系統且縝密的行動。

但是，執行力強的他們，也不喜歡計劃有所變動，因此可能會聽到周圍的人評論他們很固執。而且，因為他們屬於目標導向型，所以可能會在休息途中突然想起工作，於是衝動地投入其中，或者非得將事情做到完美才肯休息。

儀式感與完美主義

對於完美主義者來說，所謂的整理癖並不僅止於將物品逐一歸位，他們還會為了達到完美而設計自己專屬的步驟。事實上，我們經常可看到有個人儀式（ritual）或例行公事（routine）的人，他們在碰到重要挑戰或考試在即時，都必須進行自己專屬的儀式，才會感到心安。

正如同天主教徒要進入面試考場之前，會用手畫十字架，我們在日常生活中能看到的儀式出奇地多。說到儀式，就不能不提到具代表性的運動選手。就像第一章提及的，對運動選手來說，瞬間的勝敗即能決定一切，因此他們至少會做一項穩定心情、減緩緊張感的儀式。

觀看棒球比賽時，經常可以看到站在擊球區的打者多次調整球棒的樣子。這是打者為了找到最佳的揮棒姿勢，同時也是為了找到最熟悉的手感，調節比賽所帶來的緊張感。在引發緊張感的情況下，調整球棒、咀嚼口香糖或聽古典音樂的行為，能使全身知覺與注意力集中在身體的感覺上，對調整與提升狀態很有效。

我們也能以稍帶感性的角度分析。球員把賽季第一場優勝時所穿的制服珍藏起來，每當碰到重要的比賽時，就穿那套衣服上陣，也可看成是寄予期許：「這次也要好好打一場！」的一種儀式。儘管從生理學的角度來看，我們難以期待單憑這種象徵性的行為就帶來緩和緊張的效果，但擁有幸運寶物的念頭確實能為心靈帶來撫慰，做出特定的行為也能有效控制賽前的不安。

如同穿上特定制服，心情才能穩定下來般，即便是第三者認為難以接受的行為，但只要有助於控制自己的情緒，又不會對他人造成太大的負面影響，就沒有不善加利用的理由。然而，前面在說明完美主義時曾強調過猶不及，即便是效果再好的儀式，假如種類過多、步驟過於繁複，就有必要思考其效用。

我們來看下一個例子。一位網球選手的「賽前儀式（pre game ritual）」足足有十九個步驟[31]。為求簡化，書中只介紹四種。

1. 只能帶一個網球拍走入球場。
2. 絕對不能踩到球場上的線，如果需要跨線，一定要以右腳跨越。
3. 抵達選手席時，選手證一定要以正面示人。
4. 做暖身之前，要親自確認褲子有沒有卡在股溝之間。

這個在賽前做出與網球無關的十九項行為的人是誰？他就是法網男單冠軍、被封為「泥地球場之帝」的拉斐爾．納達爾（Rafael Nadal）。納達爾是在二〇〇八年及二〇一六年奧運勇奪金牌，足足拿下二十座大滿貫金盃的世界頂尖網球好手，可是為何就連長期穩坐世界第一的寶座，勝率足足超過八十三%的納達爾，都要在每場比賽前反覆做這些行為呢？即便他在進行多達十九個步驟的神聖儀式時，有幾次被轉播到全世界，成為世人關注的焦點，他也依然堅持走自己的路。

這真的合理嗎？

乍看之下，你可能會產生懷疑，為了完美達到目標，真的有必要進行多達十九項的神聖儀式嗎？為求完美，秩序與計劃固然重要，可是這些細枝末節未免太多了。

人類的行為本來就具有合理性與不合理性。我們可從天才網球選手納達爾的賽前儀式得知，人類雖會根據情況做出合理性的行為，但也可能做出嚴重缺乏效率與不合理的行為。若是完美主義者，想必會運用合理的手段達到並維持完美狀態，可是，他們卻也會展現出難以用常識理解的不合理樣貌。究竟是為什麼呢？

讓我們再回頭檢視本章主題——整理癖。完美主義者之所以做出與該特徵不相符的行為，原因非常簡單，就是其中帶有某種好處。行為主義心理學家史金納（B.

F. Skinner）解釋，所有行為都具有其功能。偶然做出某種行為後，獲得了某種好處（比方說：將原子筆轉了一圈之後猜中了考題）或帶來好心情，未來在相似情況下做出相同舉動的行為傾向性就會提高。

納達爾在賽前進行複雜的儀式也能以這種心理來理解。他可能過去曾為一場重要的比賽感到忐忑不安，可是就在確認褲子有沒有卡在股溝之間之後，內心的不安頓時消失無蹤，或者當天的比賽結果要比平常更出色。

想必納達爾本人也知道，這個行為與比賽結果毫不相干，可是一旦（偶然地！）發現它具有能降低不安的功能，之後就沒辦法不做這個動作。如果省略與正面結果連結的特定行為，就會產生不安感，因此他很可能會選擇做出該行為，讓自己好過一些。儘管一開始只是抱持不怕一萬、只怕萬一的心態，可是重複該行為久了，就成了賽前非做不可的儀式。

我們不妨從周遭找找這樣的例子吧。完美主義者E打算制定下半年的工作計劃，可是坐下來之後卻感到惶惶不安。真的能在今天之內制定出任何人都無法反駁的完美工作計劃，以及讓人一目了然的企劃書嗎？

E看著在空白畫面上閃爍的游標，因腦中的千頭萬緒而遲疑不決，接著，他突然整理起辦公桌。雖然整理時並沒有特定的意圖，可是看到整理過後井然有序的辦公桌，E的內心出現微妙的變化，心情也變得輕鬆起來。E擺脫了排山倒海的不安所帶來的煎熬，獲得了短暫的平靜。

在此，井然有序的辦公桌與無懈可擊的報告之間毫無關係。換句話說，對於E要達成設定的目標，整理辦公桌並不是必要的合理行為。如果目標在於完成無懈可擊的提案，優先事項就應該是制定撰寫計劃才合理。但由於E曾經有過靠整理辦公桌緩解不安的經驗，因此即便眼下必須制定下半年的報告（甚至是其他業務造成類似的不安時），先整理辦公桌的行為傾向性就變高了。

完美主義者會做出不合理的舉動，並不是因為他們本來就是這種人，一定是他們有過親身體驗與根據。我們能理解完美主義者的心情，因為追求完美的心態越強烈，不安感也會加劇，因此會不自覺地反覆做出能平復情緒的行為。然而，如同畫蛇添足會模糊事情的本質，當整理辦公桌等行為過度了，就可能會阻礙該做的事情。因此，想要成為幸福的完美主義者，就應該根據情況靈活應變，在不勉強自己的情況下做好必要的準備。

完美主義者的強迫症傾向

精神科醫師暨完美主義研究人員馬克・荷蘭德（Marc Hollander）[32]曾用一句話來形容凡事整理得有條不紊的完美主義者。

對完美主義者來說，所有東西都只能在原來的位置上。

一旦過度強調按照順序、按照顏色、嚴守規律，就可能會演變成第一章提及的強迫症。我們可從實際研究得知，完美主義與強迫症相關，尤其是完美主義的不適應面造成的影響範圍越大，包括過度的確認行為（例如：一再確認必要的物品是否都帶齊了）在內，均可能惡化為各種強迫症的症狀。[33]亦即，當完美主義達到這種嚴重程度時，就可能演變成強迫症。

那麼，完美主義者與強迫症該如何區分呢？除了前面提到的程度差異之外，兩者在行為目標上頭也多少有別。強迫症的目標，主要是與其強迫行為本身有關。舉例來說，當具有強迫症的人在整理辦公桌時，目標是得到一張井然有序的辦公桌，可是完美主義者想追求的目標卻與辦公桌無關。E希望能藉由整理辦公桌，幫助自己寫出一份有條有理的報告，但就像以影印般的漂亮工整字體整理筆記，也不代表考試成績就會提升，井然有序的辦公桌自然也無法帶來一份完美的報告。

不過，整理辦公桌不也是一種良好習慣嗎？儘管每個人的習慣不同，但在井然有序的辦公桌前面工作，似乎比在凌亂不堪的辦公桌前工作更有效率。如同在對失誤過度憂慮部分所提到的，完美主義的不適應性來自於過度（或調節困難），只要不是過度，整理習慣就不太可能引發問題。

讓我們再回到E的狀況。假如被工作追著跑的E沒有整理辦公桌的時間，那會發生什麼事？眼見截止時間逐步逼近，不安感急遽上升，可是E卻無法做出過去用來減輕些許不安感的行為時，或許他的不安感就會逼近最大值。在唯有整理辦公桌，工作才能處理完善的長期信念中，如今凌亂不堪的辦公桌具有足以折磨完美主義者E的龐大力量。

減少細節與過多的待辦事項

美國的社會心理學家羅伊・鮑梅斯特（Roy F. Baumeister）和紐約時報的約翰・提爾尼（John Tierney）共著的《增強你的意志力：教你實現目標、抗拒誘惑的成功心理學》[34]中曾經提及，「人類的意志猶如肌肉。」

按照這個解釋，人類的意志能如肌肉般加以鍛鍊，經過休息之後也能恢復。想要執行目標，意志力就不可或缺，人能透過意志力集中，甩開誘惑，並朝著目標前進。制定計劃時也需要意志。[35]

偶爾，完美主義者會沉醉於計劃之中，以至於制定令人瞠目結舌的縝密計劃表之後，尚未執行就先累垮自己。他們把有限的意志全部耗在制定計劃上，導致執行時心有餘而力不足。

完美主義的毒藥始終來自於過度。當計劃、整理與整頓過了頭，就會發生待辦事項無限增加的狀況。剛開始，納達爾在賽前所做的儀式也肯定只有一種。就像納達爾把儀式增加為十九個步驟，完美主義者的待辦事項（to do list）也是以相同方式逐漸增加。

讓我們再次回頭看E的例子。自從之前在撰寫企劃書時，因為整理辦公桌而心情變好，這件事就成了E著手做事前必須進行的儀式。只是，這次整理完辦公桌之後，E又追加了擦拭眼鏡的步驟。之後，他發現事情進行得非常順利，於是產生了「咦？把眼鏡擦乾淨之後，事情更順手了耶！」的想法。

好，現在E追加了擦拭眼鏡這個不安調節裝置，而整理辦公桌、擦拭眼鏡成了做事前非做不可的儀式。但是，當儀式逐漸增加卻無法完美執行，或者就算所有步驟都做了，卻無法和先前一樣緩和不安，儀式就會持續追加，就像九十四頁的表格一樣。

當清單上的事項再三追加，就不單純只是增加儀式，這些事反而成了目標本體。有時，除了外部環境之下，整理習慣也會體現在完美主義者的外貌上，像是為了呈現簡潔俐落的穿著、整齊體面的髮型、打造勻稱的身材而不斷檢視自己，固守不合理的待辦清單。

在撰寫企劃書前的準備事項

實際目標	撰寫無懈可擊的企劃書
達成目標的待辦事項（一）	將辦公桌整理得井然有序 細節　辦公桌上的所有文件都要以標籤分門別類。 細節　所有文具都要按照顏色整理好。 細節　寫上備忘錄的便條紙要貼成一列。 細節　鍵盤上不能有任何汙點或灰塵。
待辦事項（二）	〈追加事項〉將眼鏡擦拭乾淨 追加事項的細節　眼鏡擦拭布必須時時保持潔淨。 追加事項的細節　當眼鏡稍微弄髒時，為了能夠立即擦拭，因此必須把眼鏡擦拭布放在與辦公桌上的螢幕架呈水平線的位置上。
待辦事項（三）	二度追加事項的細節　電腦螢幕必須完美保持水平。
待辦事項（四）	三度追加事項的細節　畫面設定為兩等分，並把郵件通知視窗設定在右下方的特定位置上，如此一來，當電子郵件進來時就能立即確認。

倫敦的斯普林菲爾德大學附屬醫院（Springfield Hospital）研究團隊說明，企圖過度控制自己身體的完美主義者有以下現象：習慣性地嚴密觀察身體的每一處、運用特定的衣服（如：尺寸過小的牛仔褲）或飾品來檢查身材、過度頻繁測量體重、待在鏡子前的時間過長。[36]

在這些過度的行為中，只要反覆做出其中一種，就很容易對自己的身體產生負面想法，而重視掌控權的完美主義者，通常會有多種過度行為。他們會在每天早上起床後就站上體重計，就算發現體重沒有增加，也會以檢查身材用的牛仔褲來確認是否能順利拉上拉鍊。唯有利用全身鏡逐一檢查身上每一個細節之後，他們才會感到安心。

鏡子照久了，細微的瑕疵或不對稱的部分自然會映入眼簾，當注意力過度集中在細節上時，不滿足的感覺就會擴大，接著，為了減少認為自己不完美的不安感，就會做出更多過度行為。

這種行為會引發的最大問題，就在於制定完美計劃之後，也認真去執行過程，可是最後卻澈底忘了原來最重要的目標是什麼。在整理辦公桌與擦拭眼鏡之前，是先有撰寫企劃書這個目標；在早晨檢查外表的例行公事之前，則是有健康這個目標。當準備事項或中間步驟過多，以至於難以想起原來的目標時，就有必要仔細審視自身行為。

為了一再追求完美，遺忘本質也在所不惜，這就是過度。希望大家別忘了過猶不及這句重要的話。先不管目標是什麼，既然把這麼多步驟都完成了，考慮到完美主義者的性格，自然能理解他們何以會喊累、彈性疲乏。在這過程中不斷消耗意志力，彈性疲乏也是理所當然的。

身為心理學者，我能理解這些滴水不漏的準備背後都有各自的原因。身為完美主義者的你，想必是為了負起責任，所以才會將一切整理得有條不紊，並且制定計劃，努力想將負責的工作做到無懈可擊。

你只是想把事情做好，可是隨著被體積不斷膨脹的待辦清單套牢，於是感到窒息。因為筆者能感受到猶如洋蔥般設下層層防禦網的計劃和秩序內，藏的是完美主義者渴望達到斐然成就，因此奮力掙扎的迫切心情，所以才更加惋惜與不捨。

再次強調，人類的意志猶如肌肉，休息過後就會再次充滿力量。假如無法制定出完美的計劃、在過程中感到精疲力竭，抑或是執行過程太過吃力，那就稍微休息一下吧。先讓自己休息，等到覺得自己充分恢復了，再回到原點。

思考一下，任務最初的目標是什麼。身為完美主義者的你，充分具備了解決任務的能力。假如難以獨力完成，那就問問其他人，接受別人的幫助也無妨。必要時接受幫助，向對方致謝也是一種能力。記住，如何善用我所具備的強項才是最重要的。只要發揮完美主義者獨具的堅毅意志，應用在真正需要的地方，必定就能成為幸福的完美主義者。

31 想知道完整的十九個步驟，請參考下列出處。https://ftw.usatoday.com/2014/06/rafael-nadal-ritual-tic-pick-water-bottles

32 Hollander, M. H. (1965). Perfectionism. Comprehensive Psychiatry, 6, 94-103.

33 Rh’ eaume, J., Freeston, M. H., Dugus, M. J., Letarte, H., & Ladouceur, R. (1995). Perfectionism, responsibility, and obsessive-compulsive problems. Behaviour Research and Therapy, 33, 785-794.

34 Baumeister, R. F., & Tierney, J. (2011). Willpower: Rediscovering the greatest human strength. New York: The Penguin Press.

35 Sjåstad, H., & Baumeister, R. F. (2018). The future and the will: Planning requires self-control, and ego depletion leads to planning aversion. Journal of Experimental Social Psychology, 76, 127-141.

36 Mountford, V., Haase, A., & Waller, G. (2006). Body checking in the eating disorders: Associations between cognitions and behaviors. International Journal of Eating Disorders, 39(8), 708-715.

要素3

父母的高度期待

完美主義的第三個要素是父母的高度期待。我們經常聽到周圍的人問：「完美主義也會遺傳嗎？」儘管至今科學並未證實完美傾向潛藏在從父母身上所繼承的DNA內，但多數研究都顯示出，具有完美傾向的父母多半也會有具有完美傾向的子女。[37]那麼，難道是有某種讓人擁有完美主義性格的特殊基因嗎？心理學研究人員於是以家庭關係為中心，開始追溯完美主義性格的源頭，就結果來看，完美主義是在家庭中代代相傳的特徵。

在羅伯特．史蘭尼（Robert Slaney）與傑弗里．阿什比（Jeffrey Ashby）的論文〈完美主義者：基本類型研究〉中，曾向三十七名完美主義者詢問完美主義的源頭是什麼，結果，多數人都選擇家庭環境是最重要的要素。[38]其中更有三十名回答，自己的完美傾向是來自於父母。

許多父母都想給子女最好的、最棒的東西，為了避免孩子有自己沒出息的一面，或者教養方式對孩子造成負面影響，因此在子女面前，父母的言行舉止總是很小心翼翼，碰到夫妻一言不合時，也會按捺住怒氣。要是聽見有助於子女教育的話題，父母就會自動豎起耳朵細聽。如果是具有完美傾向的父母，在完美的教養課題前，也會傾注比一般人更多的努力。

以社會學習理論（Social Cognitive Learning Theory）著名的心理學者亞伯特·班度拉（Albert Bandura），曾於《在變動社會中的自我效能》（Self-Efficacy in Changing Societies）一書中，解釋孩子模仿大人的完美主義的現象。[39]

在保羅·阿普爾頓（Paul Appleton）、霍華德·霍爾（Howard Hall）、安德魯·希爾（Andrew Hill）進行的研究中，針對資質達英才水平的運動社團青少年與其父母（母親與子女為三百〇二對、父親與子女則為兩百五十九對），調查其完美傾向後發現，當父母是完美主義者時，子女展現出完美傾向的可能性更高，而且父母與子女顯現的完美傾向特徵也一致。[40]

原生家庭的教養壓力

「該如何教養子女才是最理想的？」這是個假設有一百個應答者，就會提出一百種意見並展開激烈辯論的主題。教養沒有正解，所有教養方法都有其優缺點。可以確定的是，家庭環境會對子女形成完美傾向帶來影響。社會反應模型（social reaction model）解釋，孩子們可能會對重要他人的評價或反饋產生反應，並逐步成為完美主義者。

舉例來說，孩子們會為了符合父母的期待而努力達到完美。此外，他們也可能害怕當問題發生時，會遭到老師的斥責與處罰，或者擔心會被優秀的兄弟姊妹比下去而羞愧不已，因此開始追求完美。由此看來，完美主義近似一種回應方式。意即，當人身處在無法預測會發生什麼事的環境中，為了獲得掌握控制權的安心感，於是自然地形成了完美傾向。

父母的教養中有控制，同時也有愛。[41]這兩種要素都與子女形成完美傾向有很大的關聯性。當控制過了頭，就會對孩子提出過於嚴苛的標準，形成過度控制，但如果完全都不管，又會變成放任或棄之不顧。當愛過了頭，就會變成過度保護；

當愛有所匱乏，又會形成冷酷無情的處罰與批判。

這時，子女如何認知父母的教養態度就變得很重要了。因被要求完美而承受許多心理壓迫的人，會記得自己是在低情感的控制（affectionless control）下長大。[42]基本上，他們的父母會懷抱著極高的期待，對子女的一舉手一投足都要干涉，當子女無法達到期待時，就會斥責他們：「你就只有這點能耐嗎？」而年幼的孩子，則會因為擔心無法達到父母的嚴格標準，或者無法受到父母認可而時時提心吊膽。

當然了，父母的期待高，不代表子女就會變成完美主義者。就算父母展現出高期待，但如果同時能給予和藹的微笑與愛，沒有過度嚴苛的批判或過度稱讚，子女就不太會長成完美主義者。因為即便子女多少會覺得吃不消，但他們也同時明白，這都是父母出自望子成龍、望女成鳳的苦心。

極端往往會造成問題。從父母的口中聽到足以勾起羞愧感的極端指責時，子女就會咬緊牙關，去達到不切實際的標準。相反的，如果一味聽到好話，子女也會深信自己的能力足以達成不切實際的標準，並對完美窮追不捨。

孩子身上都是父母期待的烙印

再怎麼說，父母和孩子都是截然不同的人，要如何像是複製、貼上般，把父母的高度期待和孩子的高標準直接連結呢？畢竟父母和子女又不是共用一個身體，只因父母認為「我的孩子就只能完美無缺，必須聽從父母說的話」，子女也就認定「我必須完美、必須成為聽話的孩子」，從常識來看，這確實很難讓人相信。

心理學上，把他人的想法直接吸收到體內的現象稱為內化（internalization）。意思是為了贏得他人的好感，因此改變自己的想法、態度、行為，去符合那人的意思。剛開始雖然是靠意志改變，但等到過了一段時日，就會如習慣般與身心融為一體。

好比說，一個人上下班時，完全不需要繃緊神經去留意此時自己人在哪裡或朝哪個地方前進，也能不迷失方向，順利抵達想去的地點。剛開始當然需要保持高度意識，但等到進公司三個月之後，就算是處於半睡眠狀態也能順利抵達公司。相同的，完美主義者也一樣。

剛開始雖然是有意識地遵照父母的標準，但慢慢地就會成為習慣，直接把父母的高標準當成自己的標準。尤其是童年時期，父母的愛具有絕對性的地位，因此子女會處心積慮地符合父母的期待，因此會認為遵循父母的想法和目標才是對的，並習以為常。

具有完美傾向的父母，說不定會在得知有了孩子的那一刻，就把市面上各種育兒相關書籍全部背下來，所以他們的腦中非常清楚「我必須給予孩子全然的尊重與共鳴！」、「相較於行為，稱讚孩子時應該針對他付出的努力說出具體內容！」等，而且也對培養心理健康的孩子的知識如數家珍，但眾多研究結果顯示，父母的完美主義性格及潛在的不適應性，經常會為其子女所繼承。假如你認為自己是在父母的眾多期待下長大的完美主義者，就很可能有過與下列相似的經驗。

來看看F的例子吧。當F還在媽媽的肚子裡時，因為胎兒會透過母乳直接吸收媽媽所吃下的東西，因此F的母親研究了對胎兒最好的營養食譜，直到分娩前都遵照這份食譜。為了保護才剛開始學會怎麼爬的F，爸爸在家中的每個角落都加上緩衝墊，並且仔細檢查了好幾遍，就怕會有任何遺漏的地方。F的父母堅信必須給孩子最好的成長環境，實際上他們也的確提供了無微不至的照顧，而F從小就是看著這樣的父母長大。

某一天，上幼兒園的F把考了八十分的聽寫考試卷帶回家，拿給爸爸、媽媽看，結果發生了什麼事？若是知道孩子看到父母的表情之後，能夠靈敏地察覺背後的細微情緒訊號，父母可能會大吃一驚。[43]雖然只是短短的幾秒鐘，F卻以本能觀察到父母的表情僵硬，還有這件事意味著什麼。

F心想，「我明明就很認真了，可是爸爸、媽媽的表情好冷淡，好像我做錯了什麼……」後來，F在父母的指導下做了很澈底的聽寫練習，最後終於拿到了滿分。把滿分考試卷拿到爸爸、媽媽面前時，他們的反應卻與八十分時有天壤之別。爸爸、媽媽笑得好開心，還用手輕輕撫摸F的頭，這一切都讓他覺得好溫暖。於是，F的腦中形成了這種想法：

> 如果「假如我考試考一百分。」
> 然後「爸爸、媽媽就會很高興，而我也會受到疼愛。」

具體來說，在父母的眾多期待下長大的完美主義者，會受到以下的內化訊息影響。

子女很可能會將父母的期待內化

「用功讀書、考上名校比什麼都重要。」

「再怎麼聰明都沒用，做人要具備禮儀，想盡辦法讓上面的人看了順眼，才可能在社會上倖存下來。」

「你該拿的就一定要拿，不要為了體諒別人就讓自己吃虧。就算是一塊錢也不能隨便花！」

「錢有什麼了不起？名譽才是首要的。只有出人頭地，站上金字塔的頂端，你才不會被人瞧不起。」

根據父母在子女學業上追求完美的訊息，F主要的完美傾向是體現在成績上頭。另外也有別的狀況，就是把父母強調必須成為乖孩子的訊息內化的完美主義者。相較於在大學入學考試拿到滿分、進入名校，他們會更汲汲營營於追求團體上位者的認可。這顯示出子女之所以成為完美主義者，並不是因為追隨父母，而是在內化訊息的影響下，使得完美傾向聚焦的領域代代相傳。

具體觀察子女把父母追求完美的標準內化的過程，就會發現其中存在著迎合父母期待所打造的各種規則，像是「假如我完美無缺，就沒人傷得了我」。或是「假如我沒辦法出人頭地，我的人生就毫無意義」等「條件──行為規則（condition-action rule）」。在潛移默化下，「必須～」的訊息緩緩地滲入子女的心中並內化，直到後來就算父母沒有直接介入，仍會在潛意識中啟動。

將溫暖與溫柔內化

完美主義者的內心充滿了追求完美的指令，像是唯有站在金字塔的頂端才不會被瞧不起、必須澈底控制自己的情緒、若無法完美，就等於成為無用之人。觀察這些指令，可知完美主義者在控制與愛這兩大教養要素中，尤其會將壓迫式的態度澈底內化。他們要比父母更加嚴格控管自己，並下定決心絕對不讓身邊的人失望。帶著完美傾向長大的人，就算父母沒有說什麼，自己也會冷靜地自我評價，以完美為圭臬，並自然而然地想起指令。

這樣看來，他們似乎陷入了某種嚴重的惡性循環，但是即便在非完美不可的莫大壓力下，人依然能自行選擇如何面對壓力。

每位完美主義者追求完美的領域皆不同[44]，但他們同樣都是為了滿足各式期待與標準，因此沒有餘力親切、溫柔地對待自己。就算領域不同，但大部分擁有完美傾向的人，都會將全副心力放在過去自己取得成就、最深受肯定的領域上頭，像是人際關係、體能、家境、外表等。當被交付的任務（工作）與該領域相關時，他們就更容易擔心無法達到完美。

除了自己的標準之外，完美主義者也會想要迎合社會文化的期待，因此會把自己逼得更緊。舉例來說，當數學能力出眾的東方人到西方國家留學時，就會覺得自己必須展現卓越的數學能力，迎合期待。[45]而在十名成人中有七名認為外表很重要的當代社會[46]中，完美主義者要承受的心理壓迫，就包括培養過人的體能，以及呈現光鮮亮麗的外表。

完美主義者素來熱衷以嚴格標準來鞭策、鍛鍊自己，因此就算感到痛苦或不適當，也無法寬容地對待自己。他們不知道該如何掩飾過失，對此睜一隻眼閉一隻眼，也不知道該如何擁抱自己的內心。但他們知道，如今都已長大成人，回顧父母的教養態度並對此說長道短是毫無意義的。成年，意味著能夠照顧自己。如今必須由我來照顧自己，而不是父母。因此，自己必須像是給予溫暖與諒解的父母，從容地擁抱、安撫自己。

認真說起來，無論是孩子或大人，都同樣需要某種程度的控制，也需要溫暖的愛與關懷。假如你是一名完美主義者，別忘了「控制」這個要素對你來說已經多到溢出來了。想要成為幸福的完美主義者，就需要溫暖且溫柔地對待自己。剛開始你可能會感到生疏，但要記住，世界上只有你能給自己最溫暖的擁抱。因此，從今天開始親切地善待自己吧。如同過去潛意識的控制成為你身上的一部分，溫柔也將與你合而為一。

此刻，帶著充滿好奇心的眼神凝視自己三秒鐘吧。不要試圖去改變，也不要虛張聲勢，而是靜靜地凝視自己原來的樣子。我們想要成為掌握完美主義的真正主人，就需要「真實性（authenticity）」。[47]不要對自己視而不見，也不要被體內無數控制型的訊息所約束，而是和真正的自己面對面，給予鼓勵。試著向內心傳達這樣的訊息吧。「先前的你很認真、很努力，你一定覺得很累，但也因此才能順利走到這裡。辛苦了，往後也加油吧。」

37 Soenens, B., Elliot, A. J., Goossens, L., Vansteenkiste, M., Luyten, P., & Duriez, B. (2005). The intergenerational transmission of perfectionism: parents' psychological control as an intervening variable. Journal of Family Psychology, 19(3), 358-366.

38 Slaney, R. B., & Ashby, J. S. (1996). Perfectionists: Study of a criterion group. Journal of Counseling & Development, 74(4), 393-398.

39 Bandura, A. (1986). Social foundations of thought and action. Englewood Cliffs, NJ.

40 Appleton, P. R., Hall, H. K., & Hill, A. P. (2010). Family patterns of perfectionism: An examination of elite junior athletes and their parents. Psychology of Sport and Exercise, 11(5), 363-371.

41 Maccoby, E. E., & Martin, J. (1983). Socialization in the context of the family: Parent-child interaction. In P. H. Mussen (ed.), Handbook of child psychology: Socialization, personality and social development (vol. 4, pp. 1-101). New York: Wiley.

42 Oliver, J. M., & Berger, L. S. (1992). Depression, parent-offspring relationships, and cognitive vulnerability. Journal of Social Behavior and Personality, 7(3), 415-429.

43 Moore, G. A., Cohn, J. F., & Campbell, S. B. (2001). Infant affective responses to mother's still face at 6 months differentially predict externalizing and internalizing behaviors at 18 months. Developmental Psychology, 37(5), 706-714.

44 Haase, A. M., Prapavessis, H., & Owens, R. G. (2013). Domain-specificity in perfectionism: Variations across domains of life. Personality and Individual Differences, 55(6), 711-715.

45 Armenta, B. E. (2010). Stereotype boost and stereotype threat effects: The moderating role of ethnic identification. Cultural Diversity and Ethnic Minority Psychology, 16(1), 94-98.

46 https://www.gallup.co.kr/gallupdb/reportContent.asp?seqNo=1097

47 Wood, A. M., Linley, P. A., Maltby, J., Baliousis, M., & Joseph, S. (2008). The authentic personality: A theoretical and empirical conceptualization and the development of the authenticity scale. Journal of Counseling Psychology, 55(3), 385-399.

要素4
高成就標準

完美主義的第四個要素是高成就標準。像身處競爭社會中，除了符合高標準之外，達成目標的過程也要無可挑剔，才稱得上是成功。成就水準高的完美主義者，會為了在各方面成為數一數二的佼佼者、盡可能完美而努力。

高成就標準分成我的標準與我所認定的他人標準。我的高標準，指的是將自行設定的完美狀態看得很重要，或者盡可能努力達到完美。另一方面，我所認定的他人標準，則是認為我必須完美，別人才會喜歡我，以及認為大家期待我非得完美不可。擁有自行設定的高標準時，多半會以自己為傲，並擁有能達成目標的高度自信。在此情況下，只要能夠妥善調節壓力，就能成為幸福的完美主義者。

此外，如果單純地認為別人對我要求過多，也可以反過來大發脾氣，要求他人適可而止，然後不加以理會。但假如是把他人的部分標準內化，自己就很可能會汲汲營營地去遵循該標準。

前面提到的將父母的完美標準內化的子女，就可以說是努力符合他人標準的代表性例子，但並不是所有完美傾向都是從父母身上繼承而來，或者都會顯現於外。在成長過程中，教師、同儕等重要他人對自身價值給予的正面或負面評價，或者社會氛圍要求完美，也都會帶來影響。因此，變成完美主義者的過程可能因人而異。由於青少年很重視同儕關係，自我也尚未發育成熟，因此如果曾經被朋友嘲笑穿著過時的衣服，以致在內心留下無法抹滅的創傷，那麼長大成人之後，他就可能會對在他人面前呈現的服裝要求完美。

善用完美傾向

完美主義者的標準極高，而且鉅細靡遺。無論是自信滿滿的幸福完美主義者，抑或是成天惶惶不安、不幸的完美主義者，都是一樣的。那麼，其中究竟存在著什麼樣的差異，使得前者得以善用完美主義，而後者卻因完美主義而深受折磨呢？

讓我們來舉個例吧。近幾年很流行「個人色彩（personal color）」[48]診斷，賣點很具吸引力，就是能找到符合自己膚色的顏色與組合。尤其在求職高峰期，更是引起一陣熱潮。由於這並不只是單純得知當年流行的顏色，而是找到符合自己的顏色，因此格外受到矚目。

就像量身訂做個人色彩般，幸福的完美主義者設定的成就標準也來自於自己的標準。想將完美傾向轉化為優點，把自己的標準與成就標準結合是不可或缺的。但令人惋惜的是，多數完美主義者就像是腳踏兩條船，同時跨在我的標準與我所認定的他人標準上頭，於是不斷追求著「好像是我的，又好像不是我的」目標。

認為唯有完美，其他人才會喜歡自己，因此以他人的期待為基礎，設定自己的成就標準，反而會對達成目標造成妨礙。因為當一個人努力追求他人認定的完美標準時，堅持不懈（persistence）這個優點就會變質為執念。眾所周知，達成目標必然要有堅持不懈作為支撐，一般來說，當追求目標的行為終止，這份堅持不懈自然也會畫下句點。

但很奇怪的是，如果是為了符合他人的期待而追求完美，與目標相關的想法就不會有停止的一天。[49]這種反覆出現、執拗不拔的想法，在心理學上稱為反芻思考（rumination），意味著想法會接連出現、毫無中斷。因為產生了「想要獲得認可，就必須表現得更亮眼」、「組長對我不滿意嗎？」等想法，因此無法獲得自我滿足。此外，在完成工作的過程中，可能會發生自己原本制定的目標褪色，而觀察組長的心思和反應，並依此改變工作重心等令人驚慌失措的情況。

幸福的完美主義者會根據自己的判斷，選擇具有追求完美價值的領域（例：大學成績、特定專案、健康管理）。此外，周圍要求的標準和目光只是參考之用，他們並不會受到其左右。對這些人來說，「我的興趣、我感興趣的事物是什麼？我該追求什麼，想要活出什麼樣的人生？」才是最重要的提問與標準。因此，當我們不是追尋周圍的視線或他人的推薦，而是朝著自己想要的目標前進時，就能發揮自律性的力量。在追求目標的過程中，當我成為自己的主人時，就能夠使用自律性這股強大力量。

遵循自己的高成就標準，
這樣的完美主義者，只把他人的意見當成參考之用。

迎合他人的期待，對他人交付的工作負起責任的態度本身當然沒有問題。完美主義者咬牙承受痛苦萬分的每一刻，持續不懈地努力，因此過去也必然取得不少成就。希望你能先為自己感到驕傲，還有，如果想成為幸福的完美主義者，最好記住以下兩件事。

第一，決定目標時，省略「必然」或「就算發生任何事也要完成」這樣的字眼。若是經常說出這樣的話，就很難避免對失敗的憂慮，在不令人滿意的結果中，也很容易自我批判。這等於是自行踏上不幸的完美主義者之路。取而代之的，追加「可能的話」或「盡全力就好」等稍微帶有彈性的字眼吧。如此一來，減輕負擔的同時，也能體會到為了達成目標而努力的喜悅。

第二，決定目標時，應該優先考慮的是「那個目標對我來說具有何種意義」或「在這件事當中，我真正想要的是什麼？」而不是「為了讓〇〇開心」或「為了得到〇〇的認可」。簡言之，當你能夠更自由地追求目標，工作時能樂在其中，就能成為幸福的完美主義者。先別選擇當自己無法達成時會產生自責的目標，而是選擇能感覺到這是我自行作主的目標，也就是說，先做自己想做的，而不是非做不可的事。銘記在心，根據自行決定的成就標準，在對我來說重要的領域，追求所決定的目標時，就能成為幸福的完美主義者。[50]

英才的完美主義

看到完美主義者不計一切想達到遙不可及的成就標準，有時不免會覺得努力與執著只是一線之隔。假設成就標準本身不切實際，達成的可能性為零，對此傾注的努力就很難稱作是有意義的。就算埋頭努力的模樣讓人於心不忍，但在成就標準過高，根本不可能達成的情況下，獲得感受成就感的可能性自然會大幅降低，這實在很讓人惋惜。

那麼，那些擁有傑出才能，足以達成偉大成就的英才呢？他們生來就不凡，所以無論是再嚴苛的成就標準，都能游刃有餘嗎？儘管以天生才能為基礎、日後發光發熱的英才也不在少數，但未能開花結果就黯然凋謝、懷才不遇的英才也所在多有。除了填鴨式教育系統導致英才無法大展長才之外，也必然存在著在完美傾向的驅使下，追求遙不可及、不合理的目標，以致英才在痛苦之中黯然凋謝的案例。也因此，心理學家開始檢視卓越與完美主義之間的特殊關係。

就結果來看，英才與成為完美主義者並非絕對正相關。[51]美國以四百名英才為對象，進行完美傾向的有無與性向的研究，結果顯示出非完美主義者占了三十八%，幸福的完美主義者占了四十二%，不幸的完美主義者占了二十五%。

向這些英才詢問他們認為自己是什麼樣的人，結果出現了以下回答。首先，非完美主義者說自己算是漫不經心、想法不連續、做事缺乏縝密規劃的人。在這些人之中，即便有些英才具備非凡的學習能力，但他們仍在閱讀、寫作、算術或推論等碰上難關。

另一方面，幸福的完美主義者則回答自己是值得信賴、勤奮好學且活潑外向的人，不是懶散或會輕易發脾氣的類型。這些人自行評價的個人標準分數為中上，可知他們雖然標準高，但懂得如何重新設定符合現實的標準。

最後，不幸的完美主義者回答自己是陰沉性急、不開朗也不親切的類型。這些人自行賦予的個人標準是三者中最高的，而無論是對失誤的憂慮，抑或是父母期待（自己認為從小受到多少父母的期待）的分數也都很高。這些人充滿不安、情緒上也不甚穩定，而且具有過度競爭的傾向。

幸福的完美主義者會運用自律性的強大力量，區分出值得探究的領域與不需費神（或者努力也是枉然）的領域，因此，一旦判斷沒有追求完美的價值，就會果敢地抽身。

無論再天賦異稟的天才，也不可能十項全能、樣樣精通。聞名遐邇的數學天才在音樂大賽中獲獎，同時又成為奧運游泳金牌得主，這是只有在電視劇才可能發生的故事。

換句話說，企圖把自己被交付的所有工作都做得無可挑剔是不切實際的。幸福的完美主義者並不是因為能力出色，所以才更加自信滿滿、人生滿意度高，而是因為他們能明確區分該全心投入的領域與否，因此降低了過度不安，或責怪自己沒辦法面面俱到的可能性。

只要選擇性地聚焦在最適合自己的領域上頭，就更可能善用完美主義的適應性，成為幸福的完美主義者。[52]

自我批判的副作用

在擁有高成就標準的完美主義者身上會發現一個嚴重缺陷，就是他們具有強烈的「自我批判（self-criticism）」傾向，不斷將指責的箭矢射向自己。自我批判指的是只聚焦於自己的缺點，並貶低、指責自己。英國的心理學研究人員以九十七名定期運動的年輕女性參加者為對象，觀察高成就標準、自我批判與過度運動之間的關係。[53]研究結果顯示，當參加者擁有身材或身體健康的高成就標準時，並不會造成過度運動。高成就標準只不過是為參加者賦予了定期運動的動機，與運動過度所造成的負面結果沒有直接關聯。

可是，如果是高標準加上自我批判，情況就截然不同了。即便這些人在運動過程中負傷，也不敢停下來休息，又或者因不可抗力的因素而無法運動時，就會百般自責。對於有機會成為幸福的完美主義者的人來說，自我批判可說是一名殺手變數，將他們拉向不幸的完美主義者的泥沼。

稍微思考一下，你是否曾經對自己說出：「別找藉口！」、「你努力得不夠！」、「喂，你太沒出息了吧！」之類的話？如果是，現在就應該立即停下，因為這就是自我批判。稍微深呼吸一下，按下內心的暫停鍵吧。就算自我批判如回音般陰魂不散也沒關係，放著別管它就是了。你也不需費心去消除它，只要稍微暫停對自己發送負面訊息即可。

假如真的辦不到，就試著到自己喜歡的地方，緩和一下心情吧。到靜謐的山中、閒適的公園、能聽見波浪聲的海邊，或者充滿咖啡香的咖啡廳都行。現在，聆聽一下周圍的聲音吧。說不定你會聽見雨聲、汽車經過的聲音，或是人們歡愉的笑聲。聞一下精油的芳香也好，留心察看光芒閃爍的樹葉也不錯。只要有意識地轉換注意力，就能削弱負面心情的強度。

當心情稍微好轉後，就試著對自己寬容、親切一些吧。心理學稱此為「自我慈悲（self-compassion）」。當家人或男女朋友等珍惜的人付出許多努力，卻很可惜地發生失誤或功虧一簣，為此感到挫敗洩氣時，你會對他們說什麼呢？

假如你是發自內心地愛他們，珍惜他們，想必你會說出正面的話。我們也明白，鞭策對方多加把勁，也得視情況而定。這對自己也同樣適用，因為最應該愛你的人，正是你自己。

對他人vs.對自己的標準設立

我對其他人說的話	我對自己說的話
◆ 這樣就很好了！ ◆ 辛苦你了！ ◆ 休息一下吧！ ◆ 沒關係，會雨過天晴的。	◆ 別找藉口！ ◆ 是你努力得不夠！ ◆ 喂，你太沒出息了吧！ ◆ 你會成為魯蛇！

對自己嚴苛地指責，只會帶來傷害，無法成為自我進步的動力。想要成長，就必須愛自己，停止自我批判。想要當一名幸福的完美主義者，在猶如馬拉松般的人生中幸福地長跑，就應該比任何人都珍惜自己。

48 Naver知識百科，“Personal Color”概念說明：https://terms.naver.com/entry.nhn?docId=270872&cid=42641&categoryId=42641

49 Lewin, K. (1951). Field theory in social science: selected theoretical papers (Edited by Dorwin Cartwright). New

York: Harper & Brothers.

50 Walker, S. Y. (1991). The survival guide for parents of gifted kids: How to understand, live with, and stick up for your gifted child. Minneapolis, MN: Free Sprint.

51 Parker, W. D. (2000). Healthy perfectionism in the gifted. Journal of Secondary Gifted Education, 11(4), 173-182.

52 Walker, S. Y. (1991). The survival guide for parents of gifted kids: How to understand, live with, and stick up for your gifted child. Minneapolis, MN: Free Spirit

53 Taranis, L. & Meyer, C. (2010). Perfectionism and compulsive exercise among female exercisers: High personal standards or self-criticism?. Personality and Individual Differences, 49(1), 3-7.

要素5
對行動產生懷疑

完美主義的第五個要素是對行動產生懷疑。亦即，採取或做出某種行動之後，無法肯定「這樣做好嗎？」、「這是最好的做法嗎？」因此焦慮不安的情況。這可以看作是深思熟慮，是一種優點，但若是遲遲拿不定主意，一下做東、一下做西，把自己搞得疲憊不堪，而事情也無法快速俐落做完，那就會變成缺點。

即便實力出眾，但不幸的完美主義者仍會不時懷疑自己的能力。他們可能會聚精會神地站在起跑點上，等待鳴槍的那一刻，可是一旦「預備～開始！」的信號響起，他們搞不好會遲疑不決，心想：「我剛才是聽錯了吧？」眼見終點線就在前方，他們卻猶豫自己究竟是該跨出左腳還是右腳。

「真的嗎？確定嗎？這是最好的做法嗎？」採取行動之前先問個一、兩次，就能夠防止失誤，也有助於取得完成度高的結果。尤其是要求滴水不漏的完美主義者，面對即將繳交作業、參加會議之前，很可能會習慣性地質問自己。對自己的行為產生懷疑這個要素能在他們身上明顯表露，尤其是著手進行自認重要的事情，或者即將面對評價時，他們就會過度自我懷疑。

「如果發生意想不到的問題，那該怎麼辦？雖然已經確認超過二十遍，但會不會有不小心漏掉的地方？」假如你一而再、再而三地問相同的問題，那就已經是超過深思熟慮的程度，而且是杞人憂天了。還有，當過度的懷疑揮之不去，不安感擴大，不合理的想法就會接踵而來。

只看見表面光鮮亮麗的人，肯定無法想像自我懷疑的完美主義者為了取得成果，反覆經歷多少次塗塗寫寫的過程。這些人的電腦檔案夾內存滿了考慮再三，最後卻無法完成的無數檔案。此外，他們經常忙著進行各種嘗試，導致要做的事情越來越多，最後造成體力吃不消的虛脫狀態。他們究竟是在懷疑什麼，又想證明什麼？

想看起來很厲害

一個孩子突然吵著跟爸媽說想學攀岩，但父母認為孩子只是三分鐘熱度，並沒有太把這件事放在心上，結果孩子開始大哭大鬧。於是，父母問孩子為什麼這麼想學攀岩，結果他回答：「因為看起來很厲害啊！」沒錯，想讓自己看起來很厲害。這無論對大人或小孩來說，似乎都是件夢寐以求的事。

社群網路上經常能看到與書有關的文章，但偶爾我會感到好奇，發文者真的都看完了這些書

完美主義者對於「一小時後就要開會了！」的內心掙扎

掙扎 1
只把昨天完成的會議資料看過一次就行了嗎？

掙扎 2
大家都有準備個人資料嗎？
應該不會只有我準備了吧？

掙扎 3
不過，還是比沒準備資料，
導致會議時間延遲來得好吧？

掙扎 4
按照參加人數多印
幾份比較好嗎？

掙扎 5
印是印好了，
但如果大家都各自帶了資料呢？
這樣不就等於
浪費紙張和墨水了？

嗎？難道不是虛張聲勢而已嗎？完美主義者也一樣，難道不正是基於想看起來很厲害的欲望，所以才導致將簡單的報告變成了難搞的燙手山芋嗎？

只要不加修飾地將意思表達清楚就行了，他們卻煞有介事地想多變些花樣，反而遲遲無法開始做事。明明腦中千頭萬緒，卻缺乏完整的畫面，而費盡千辛萬苦才完成的報告，卻不知道重點在哪裡，而且內容雖然繁多，卻無法看出想要表達什麼，主題模稜兩可。

雖然想讓自己看起來很厲害，到頭來卻因為無法確定別人會做何感想，所以經常產生懷疑。想在他人面前呈現完美形象的需求，在心理學上稱為「完美的自我呈現（Perfectionistic Self-Presentation）」。倘若完美主義是一種期望毫無失誤、分毫不差地完成某件事的心態，那麼完美的自我呈現，即是期望只讓所有人看到完美的一面。

完美的自我呈現傾向高的人，只想將完美的一面傳達給他人，不足的部分則是無論如何都想隱藏起來。當這個傾向超出一般水準，他就會為了隱藏不足之處而不惜欺騙別人。此外，如果自認無法展現出得心應手的一面，他會乾脆放棄嘗試，又或者為了避免讓他人看到不完美之處而勃然大怒。

不幸的完美主義者認為，即便只是微不足道的失誤，也會帶來極大損失。他們認為，如果不完美，人們就會對我指指點點，說我壞話或輕視我。世道險惡，一旦自認不具備達到完美的能力，就會基於怕被他人嘲笑或無視的擔憂，不斷懷疑自己做得好不好。

事實上，「對行動的懷疑維持在適當水準時，就能成為前進的原動力」，而這是因為人會努力彌補不足之處。一旦自信滿滿地認為自己不可能有缺點，就很容易安於現狀；認為自己沒必要再努力，就很容易停滯不前。

完美主義者之所以難以放棄完美傾向，是因為多虧了它，自己才能取得比他人卓越的成果。筆者想對容易對行動產生懷疑的完美主義者說的是，別人很可能會把你的失誤看成是一種人情味。假如過去你在眾人面前展現了完美的執行能力，大家都認定你是個深思熟慮的人，那麼一次失誤是不可能損害你的形象的。別將負面結果放大，並預想它會招來災殃，想讓自己看起來很厲害的心態，也能轉換為成長的動力。

想獲得他人認同

不幸的完美主義者會經常懷疑：「我值得受到他人的認可嗎？」基本上做事謹慎周密，對負責的工作竭盡熱忱的人，都是完美主義者。可是，諷刺的是，完美主義者投注許多努力，但理想與現實之間的距離卻沒有因此縮短。

原因之一，就在於前面屢次提到的，基本上完美主義者的成就標準都不切實際。多數情況都是因為必須達成的目標過高，以至於再怎麼努力都無法達成。根據東國大學教育學系朴賢珠教授等人在二〇一〇年發表的論文，除了成就標準之外，還有一項特性會對疑心病重的完美主義者造成影響。這篇論文顯示出，這些不幸的完美主義者具有成就標準非常高、自我評價卻過低的傾向。[54]

尤其當人際關係發生衝突時，他們會認為自己不具備解決的能力，而且對方也會無情地拒絕自己伸出的友誼之手，所以他們會盡可能避免衝突，與大家和平共處。但假如凡事都像躲避地雷般提心吊膽，就會消耗許多能量，當衝突發生時，也會過度絕望，頓時變得有氣無力。

當這種經驗三番兩次發生，就難以對某件事的結果抱持樂觀態度，也會不自覺地經常想像災難發生的情況。隨著恐懼擴大，他們的內心會認為我至少要做到這種程度，但與此同時又提高標準，導致理想與現實的差距越來越大。

如果這時又與都怪我能力不足等自我貶低的評價結合，目標與能力之間就會形成難以填補的隔閡。最後，夢想越來越遠，而事情不會順利的想法逐漸根深蒂固，陷入無止境懷疑的惡性循環。

另一方面，容易懷疑自己的人具有重視知性能力的傾向[55]，所以他們認為，如果能展現出聰慧的一面，至少就能確認自己是個有用之人。但問題在於，他們會為了確認自己是否確實展現知性能力，不時觀察他人的反應。[56]當別人對自己說的話點頭稱是，他們就會感到安心，但如果某人沒有給予正面回應，他們就又會再度自我懷疑，搞得自己頭痛欲裂。

基於這種理由，假如無法擺脫「非得表現出色、獲得認可」的想法，就會將自己侷限在認可的框架內，沒有多餘的心力去關心其他事情，而這無疑是以管窺天。唯有帶著「獲得認可固然令人高興，但沒有也不構成問題」的想法，才能確保你是用清晰的眼光看待自己。

也就是說，要擁有「我已經全力以赴，我是個很棒的人，也是個充分值得驕傲的存在」的眼光。當現實與理想之間拉開距離時，幸福的完美主義者會嘗試考慮其他選項，甚至會刻意不去獲得認可。因為他們深知，唯有如此才能幸福、維持自尊感。

肯定自己的行為和決定

對行動產生強烈懷疑時，有時就會做出不合理的決定。比方說，容易把許多時間投資在單純的事情上頭，但碰到需要深思熟慮的時候，卻反而不假思索地就做出選擇。[57]

為了確認這種傾向，一些心理學者以對行動具有懷疑傾向的完美主義者為對象進行了一項實驗。他們要求第一組進行輸入數字等單純卻要求準確度的作業，至於第二組，則是給了他們解開謎題、依序找到答案的任務，並長時間觀察兩組之間的差異。

結果顯示，講求準確度的數字輸入作業耗費了很長的時間，因為人們必須不間斷地檢查是否輸入錯誤的數字。至於必須依序找到答案的解題任務，許多人則是在充分使用線索之前，就輕率地說出自己推測的答案。

此實驗結果顯示，經常對行動產生懷疑的完美主義者會在簡單、單純的任務上消耗過多能量，但碰到需要充分善用時間與線索以求得答案的任務時，卻反而會衝動地做出決定。碰到像是撰寫報告或電子郵件等，需在某段時間內獨自完成的任務時，他們會花許多時間苦思應該怎麼做，以致比想像中拖延更長的時間，或者無法如期繳交。可是，碰到面試等即時狀況，卻又因過於急躁，所以還沒聽清楚面試官說什麼，就急急忙忙地回答。

完美主義者的思考模式

被交付要求準確度，
但性質單純的任務。

剛才有確實輸入嗎？
再檢查最後一次吧。

被交付必須逐步
找到答案的任務。

對方說，要想一下，
明天再回我？
真令人不安……
我乾脆答應對方要求的
所有條件好了。

所以，想要成為幸福的完美主義者，就需要對自己的行動產生合理的確信。所謂的合理，並不是符合道理，或者是完美的解答就夠了。幸福的完美主義者與不幸的完美主義者最大的差異，就在於看待確信的態度。在前述的研究中，經常對自身行動產生懷疑的完美主義者，在碰到解題的任務時，會期望任何一題都不落下，但是卻無法像面對數學時一樣找到正解，然後就急著趕快回答。

不幸的完美主義者期望擁有「完美的合理確信」，但事實上人類本來就不完整，完美的合理性是天方夜譚。你認為自己有多合理呢？試著從以下兩種擇一，來評價一下自己的合理性吧。

① 有一百%的機率拿到一千兩百元。

② 有八十%的機率拿到一千五百元。

兩者之中，你偏好哪一個？[58]實際計算之後，就會發現這兩者在數學上是相同的。稍微算一下第②個選項，0.8x1500=1200，出現了與第①個選項相同的數字。

儘管如此，多數人會偏好百分之百的選項，原因就在於想要將不確定性最小化的本能傾向。這稱為「假確定性（pseudo-certainty）」，是一種想要保護自己遠離危險的自然現象。

但是，為了消除不確定性所做出的選擇向來都不是最好的。若是懷疑過了頭，始終堅守安全的選項，就會因竭力避免損失，反而錯失了承受某種程度的危險時帶來的成長機會。幸福的完美主義者就不同了，他們對自己的能力與恢復力有信心，因此勇於冒險。截至目前為止，我們檢視了完美主義的五大要素，想必讀者對完美主義也有了基本認識。既然材料齊全了，此刻就是將這些要素組合起來的時候了。現在，就讓我們進入完美主義的實戰篇吧！

完美主義檢測表

掌握自己的完美傾向水準，有助於理解如何成為幸福的完美主義者的實踐方法。試著回答以下的測驗，評價自己的完美傾向水準吧。我是完美主義者嗎？在完美主義的五大要素之中，哪一個領域的分數特別高呢？只要透過這個過程進一步審視自己，就能替自己鋪設基石，邁向幸福的完美主義者之路。

診斷我的完美主義

分別確認自己的完美傾向是何種程度（是否足以稱為完美主義者），還有五大要素的水準又分別是什麼程度。這個測驗，是二〇一一年延世大學李東龜教授與東國大學朴賢珠教授，根據蘭迪・佛洛斯特的「多面相完美主義量表（multidimensional perfectionism scale）」測驗為基礎，改編成更符合東方社會文化的版本。

以下是會在社會情境中經歷的想法和情緒。請仔細閱讀每個敘述，選出與平時的自己最相近的選項。

編號	題目	完全不符	大致不符	還好	大致相符	完全符合
1	我的父母對我抱持相當高的標準。	1	2	3	4	5
2	講求有條理、按部就班對我來說非常重要。	1	2	3	4	5
3	如果不對自己設下高標準，就覺得自己會成為無名小卒。	1	2	3	4	5
4	我的父母絕對不會試著理解我的失誤。	1	2	3	4	5
5	我是講究乾淨整齊、時時都在整理的人。	1	2	3	4	5
6	我很努力成為有條理、按部就班的人。	1	2	3	4	5
7	萬一我在工作或學業上失敗，就等於是個失敗者。	1	2	3	4	5

8	我的父母要求我在各方面都必須是頂尖的。	1	2	3	4	5
9	我的目標比多數人設得更高。	1	2	3	4	5
10	當其他人表現得比我好，我會覺得自己在這件事上失敗了。	1	2	3	4	5
11	對我的家人來說，無論任何事，唯有表現出色才能獲得認可。	1	2	3	4	5
12	無論任何事，我都只能是第一。	1	2	3	4	5
13	我擁有非常高遠的目標。	1	2	3	4	5
14	我的父母期待我能出類拔萃。	1	2	3	4	5
15	當我失誤時，大家對我的評價就會降低。	1	2	3	4	5
16	我絕對無法滿足父母的期待。	1	2	3	4	5
17	要是沒辦法做得跟別人一樣好，就代表我落後了。	1	2	3	4	5
18	要是我無法時時表現出色，大家就不會尊重我。	1	2	3	4	5

19	關於我的將來，我的父母抱持比我更高的期許。	1	2	3	4	5
20	我努力成為將一切整理得井然有序的人。	1	2	3	4	5
21	對日常生活中很單純的事情也會心生懷疑。	1	2	3	4	5
22	把一切整理得井然有序對我來說很重要。	1	2	3	4	5
23	我是講求有條理、按部就班的人。	1	2	3	4	5
24	我具有反覆做同一件事，導致工作延宕的傾向。	1	2	3	4	5
25	想讓某件事做到自己滿意為止，需要花費非常長的時間。	1	2	3	4	5
26	我的失誤越少，大家就越喜歡我。	1	2	3	4	5

完成上面測驗的回答後，現在分別開始計算完美傾向的總分和完美主義各個要素的分數吧。按照以下方式，將各題對應的分數加總（完全不符合＝1分～完全符合＝5分）。

如何計算你的完美主義分數

1. 請對應題號，並將相對應的分數填入空格中。
2. 每填完一項要素（共五項）的分數，先將該項的分數加總，並填入各要素分數合計欄位中。
3. 把「完美主義五大要素」分數加總後可得到總分。

完美主義五大要素	題號	分數	各要素分數合計
❶ 對失誤過度憂慮	7		(____)
	10		
	15		
	16		
	17		
	18		
	21		
	26		
❷ 整理癖	2		(____)
	5		
	6		
	20		
	22		
	23		
❸ 父母的高度期待	1		(____)
	4		
	8		
	11		
	14		
	19		
❹ 高成就標準	3		(____)
	9		
	12		
	13		
❺ 對行動產生懷疑	24		(____)
	25		
完美主義分數總分＝（五大要素分數總合）			(____)

萬一「完美主義的總分」超過七十九分，你就是具有完美傾向的人。延世大學諮商心理研究室研究團隊以本書的測驗進行調查，並分析五百一十一名參加者的資料，結果顯示具有完美傾向的參加者比例為五十三・六二%（兩百七十四名），占了一半以上。

萬一總分超過一〇四分，就可以說是完美的「完美主義者」。總分超過一〇四的參加者，占了全體的四・一一%（二十一名）。

但是，即便你是總分超過一〇四分的完美主義者，也無須太過憂慮。因為總分固然重要，但構成完美主義的各要素達到什麼樣的水準才是關鍵。完美主義傾向的總分高，但你擁有高成就標準，對於失誤的憂慮或對行動的懷疑偏低，那麼在生活中，你就可以善用自己的完美傾向，取得各種傑出成果。由於測量各要素的題數不同，為了能夠在同一基準上比較，我們需將各要素的分數換算成百分比。

計算百分比範例

如「對失誤過度焦慮」要素總分為 35 分（最高 40 分）

→ 35/40x100=87.5 分

如「整理癖」要素總分為 20 分（最高 30 分）

→ 20/30x100=66.67 分

對行動產生懷疑	高成就標準	父母的高度期待	整理癖	對失誤過度憂慮	完美主義要素
最高 10 分	最高 20 分	最高 30 分	最高 30 分	最高 40 分	各要素分數合計
(　) / 10 X 100 = (____)	(　) / 20 X 100 = (____)	(　) / 30 X 100 = (____)	(　) / 30 X 100 = (____)	(　) / 40 X 100 = (____)	換算成百分比

以這種方式將五大要素的分數換算之後，從下方的五角形圖表上分別找到換算的分數並畫上黑點，再將線連起來，就能掌握「我的完美主義是何種型態」。五大要素中，可能有幾個如尖角般凸出，也可能每個要素都不相上下，整體接近正五角形。

我的完美主義類型

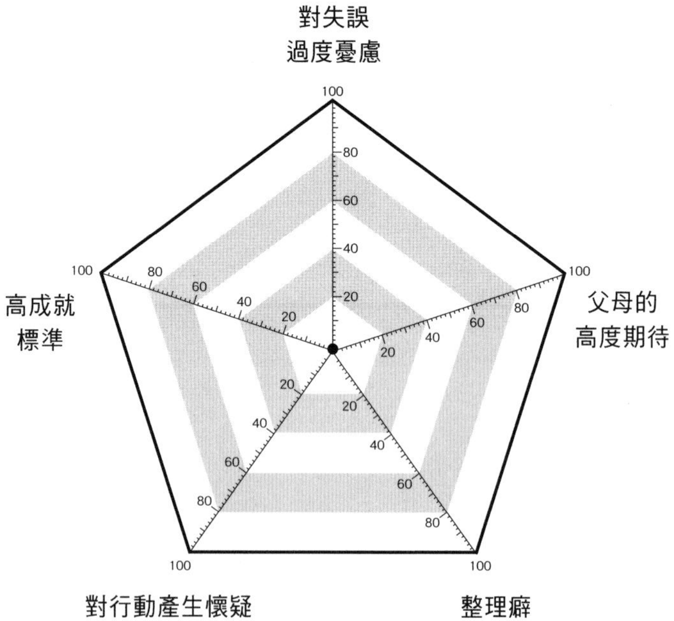

54 朴賢珠、鄭大勇（2010），一般諮商：完美主義者的特徵——以延遲行動、問題解決評價、人際關係進行諮商學研究，11(3), 975-991.

55 Govorun, O., Fuegen, K., & Payne, B. K. (2006). Stereotypes focus defensive projection. Personality and Social Psychology Bulletin, 32(6), 781-793.

56 Arkin, R. M., Oleson, K. C., & Carroll, P. J. (Eds.). (2013). Handbook of the uncertain self. New York: Psychology Press.

57 Rhéaume, J., Freeston, M. H., Ladouceur, R., Bouchard, C., Gallant, L., Talbot, F., & Vallières, A. (2000). Functional and dysfunctional perfectionists: Are they different on compulsive-like behaviors?. Behaviour Research and Therapy, 38(2), 119-128.

58 Tversky, A., & Kahneman, D. (1981). The framing of decisions and the psychology of choice. Science, 211(4481), 453-458.

第3章

完美主義者的四種類型

——開始理解我與他人的完美主義

先了解自己，才能和他人和平共處

前面我們透過測驗診斷了各自的完美傾向水準，你的分數有多高，各要素又是如何分布呢？有人可能會因為分數非常高而大感意外，也可能有人總分非常低，幾乎不具有完美傾向。無論是哪一種情況，大家都能透過第三章的四種完美主義者類型，獲得掌握並理解自己與他人的實用資訊。本書的前半部將重點放在全盤理解完美主義，後半部則是教導大家如何實際運用完美傾向，學習實戰技巧，使其成為理解他人的工具。

我們經常好奇，他人的個性跟自己有多合得來。畢竟人類終究得在社會中建立無數關係並生存下去，因此對他人產生好奇心也很自然。無論是自己有好感或重視的人，又或者是像職場同事或主管一樣，雖然跟我不太合，但又不能斬斷關係的人，也都會想知道他們屬於何種性格類型。同時，我們也對自己的性格類型很感興趣，希望能以客觀角度檢視自己真正的樣貌，掌握自己的優缺點。

儘管理由因人而異，但擁有這種好奇心的根本性原因都是相同的，就是希望能與喜歡的人建立更深切、緊密的關係，而就算無法避開討厭的人，也可以掌握對方的性格，至少在表面上維繫良好關係。而且，因為這些關係的中心人物就是我自己，因此我們對他人，也對自己的性格產生興趣。

尤其是最近，MBTI性格類型測驗蔚為流行，或者男女朋友會去算八字等，都可說是反映出這種傾向。但在講求個人的多樣面貌與獨特性的社會中，或許像過去一樣深入地介入他人生活，就連別人家中有多少根湯匙都知道，反而更像是一種恐怖攻擊。雖然對別人感到好奇，但如果靠得太近，就會造成恐懼，因此在距離的拿捏之間，始終存在著左右兩難的困境。人與人之間的關係向來主觀，但我們之所以必須透過客觀標準來解釋自己、掌握對方，原因就在於此。

想盡可能減少壓力，並與對方維繫恰到好處的溫暖關係；儘管自己內心憤世嫉俗地想著：「人生終究還不是一個人過？」卻又執意去了解與自己不合的人的性格類型；想要搞懂哪些類型與自己合得來，哪些又合不來，這些終究都是始於想要理解我與對方的欲望。就此層面來看，檢視各類完美主義者的特性，將能大大地幫助理解自己與他人，使彼此建立更有建設性的關係。

不開口明講究竟部屬哪裡做錯，只會勃然大怒的主管；總是動作慢吞吞，讓人感到不耐煩的朋友；總是嘮叨個不停的家人；想要更親近一些，但又莫名有距離感的同事等，因為難以掌握關係中的問題癥結點，所以感到痛苦煎熬的人意外地多。在前面的章節我們就已經知道，完美主義者不只要求自己，在與他人之間的關係上也同樣要求完美。因此，當完美主義的類型不同或傾向程度有差別，自己就可能判斷對方跟我不合或者是怪人，而其他人也可能這樣看待我。

雖然後續還會更進一步了解，但在這裡，可以先把完美主義者的類型大致分成四種。如同碰到自己認定重要的事情與關係時，完美主義的傾向會更加無所遁形，當某些事情不如己意或失誤的危險性擴大時，各類型的特徵也會更加顯著。

有人可能會懷疑，劃分人類的心理性向既無法像切蘿蔔般稜角分明，又怎麼可能單純地分成幾種類型。但企圖把錯綜複雜、多面向的資訊分門別類，以有效率的方式進行判斷，這乃是人類的本能。格式塔心理學稱此為「知覺組織原則（perceptual grouping rules）」，指的是我們的大腦具有從獲得的資訊中發現一連串的秩序與規則，並試圖將其分類的傾向。

只要知道各自擁有不同的性格類型，就能對自己的性向更加了解，也能預期在他人眼中的我看起來是何種模樣。此外，完全無法理解某人的行為時，可以試著推論那人何以做出該行為，也能預測處於某種情況時，對方會做出何種反應。深入理解自己與周遭的人，對他人的行為與反應就能更加包容，也能減少當性向差異造成意想不到的反應時，內心因此受到傷害。

第三章，將會應用「自我評價標準（locus of evaluation）」與「調

完美主義者的思考模式

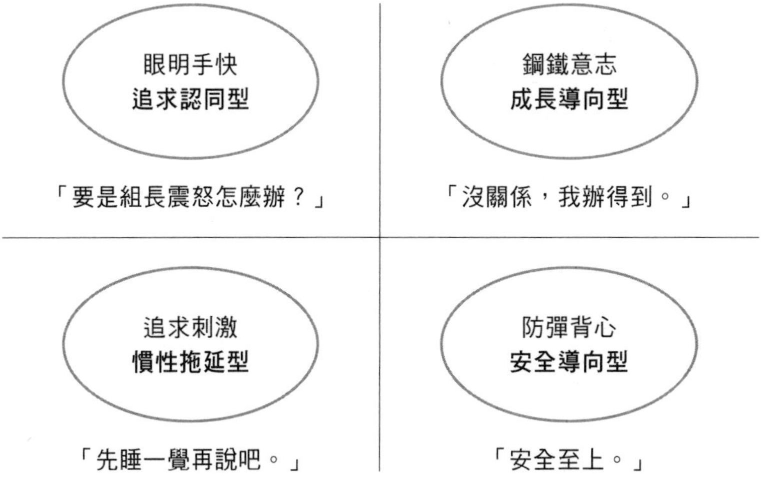

節焦點（self-regulatory focus）」兩個標準，將完美主義分成四大類來加以說明。假設你不是主修心理學的人，這將會是你初次聽到這兩個專有名詞，但這兩者的概念其實要比想像中簡單。

自我評價標準——以我為中心 vs. 以他人為中心

第一個標準是自我評價標準，是當一個人判斷自己是否具有價值時，會向內尋求（例：就經驗上來看，以我的程度算是很不錯的），或從他人的認可與回饋等外部要素（例：被組長稱讚的我是不錯的人）來當作標準。

「判斷自己是否是不錯的人時，該以什麼標準來看？」

關於成為好人（或避免成為壞人），每個人都有一條認為應該遵守的界線。

舉例來說，假設某人具備了和別人在一起時，不要霸占說話權、當個正直的人、管理外表等評價標準，有一次，這人與朋友們高高興興地聊完天，回家之後卻反省自己：「我今天是不是講太多話了？」他為什麼會出現這種反應呢？原因就在於讓每個人對話的分量平均，才稱得上是體貼的人的價值觀或規範使然。

此外，為了獲得自我評價的客觀參考資料，我們會觀察別人的反應。比如當我心想：「我是不是霸占了說話權？」時，並且在群組聊天室問：「我今天是不是講太多話了？」時，如果好友們回答：「沒有啊，我們每個人都講了很多話！」我就會對評價結果感到安心。人類具有與他人建立關係、融入團體的歸屬感需求，因此會同時考慮我的標準與他人的反應。

內部評價與外部評價的差異

內部評價	外部評價
聚焦於我的價值觀， 根據我的感受來自我評價。	聚焦於他人的反應／評論， 根據他人對我的評價變更自我評價。

關於人類的基本性向，人本主義心理學家卡爾・羅哲斯（Carl Rogers）解釋，個人評價自己時，會以自身的價值觀或經驗為依據，也會以他人的反應為依據做出判斷，並將評價標準的位置（內部／外部）稱為「自我評價標準」。

根據自我評價標準的位置，
完美主義者的想法、情緒和行動會產生變化，
而在人際關係中發揮的優點與缺點也會有所不同。

人的心理是多面向的，因此沒有人會把自我評價標準全數集中在內部，或者全部仰賴外部，不過，決定評價結果的比例卻各自不同。舉例來說，假設「我覺得自己還不錯，可是別人卻給了我負面評價」，當內部標準與外部標準的比例為六比四時（就算別人給我負評，但從我的標準來看是很不錯的！），那麼綜合起來就可以得到我很不錯的結論。相反的，當內部標準與外部標準為四比六，那麼即便是相同情況（就算我覺得自己不錯，可是因為別人給我負評），也會得出我很差勁的結論。

在第二章，我們得知追求卓越的高標準是完美主義者的共同特徵。因此，對完美主義者來說，自我評價標準的位置是相當重要的。幸福的完美主義者會依循個人的標準，而評價自己的素材也都是源自內部，相反的，不幸的完美主義者，則多半把完美的評價素材寄託於外部，在關於自身的價值衡量上，也會根據周圍的評論而搖擺不定。

調節焦點——想獲得更多的人vs.想守護所有物的人

第二個標準是調節焦點，指的是在想獲得更多與想守護所有物之間，行為側重於哪個面向。自古以來，快樂即是促使人類做出某種行動的強大動力。人們會追求令心情愉悅的事物，可是，光憑快樂卻無法解釋人類的所有行為。

若是僅以快樂為判斷標準，無數的上班族又是如何擺脫甜美睡夢的誘惑，一大早就去上班呢？

若是只追求當下的滿足感，想必也沒有人會想儲蓄了。人們之所以儲蓄，就在於認為即便現在的日子難熬，但如果想避免年老的生活窮困潦倒，就必須存錢。即時享樂固然重要，但避免未來的痛苦也必不可少。為了揭開人們追求快樂、迴避痛苦的原因，以及其中運作的原理，心理學者持續不懈地研究。其中，社會心理學家希金斯（Tory Higgins）解釋，人們在達成目標的過程中，根據他是朝著增加正面事物的方向努力，又或者是避免負面事物的方向努力，行為會有所不同，並將此概念稱為「調節焦點」。換句話說，調節焦點可以分成想獲得更多與不想失去所有物兩種。

促使人採取行動的動力是什麼？

假設我們把焦點放在成功時的成就（好處與獎賞），並致力於追求提升此時情況的價值稱為「促進焦點（promotion focus）」，在「獲得更多」上頭進行加權計算，就會對每件事充滿熱情與挑戰精神。所以，集中於促進焦點的人是樂觀的，喜愛稱讚、享受冒險，當機會來臨時也會奮不顧身地跳進去。

當一個人更看重並追求善盡責任與維持安穩，則稱為「預防焦點（prevention focus）」。如果把焦點放在目前擁有的一切，行為上就會走安全慎重的路線。因此，集中在預防焦點的人總是深思熟慮，努力做到滴水不漏、準確無誤與嚴密周到。

讓我們來思考一下，促進焦點與預防焦點對完美主義者造成什麼樣的影響吧。偏向促進焦點的完美主義者達成高標準（如此就能獲得好處與獎賞）的渴望會更加熱切。相反的，偏向預防焦點的完美主義者則會避免可預期的危險——也就是自己無法達到完美時會帶來的壞處與懲罰。

促進焦點 vs. 預防焦點的目標差異

現在雖然有點辛苦，
但只要努力去做，
等到手頭上有餘裕時，
就可以去旅行、
養隻可愛的貓咪，
過上幸福的生活！

促進焦點

再累也得做啊，
現在可是百歲時代，
如果不未雨綢繆，
說不定年紀大了
無人依靠，生病了
也沒錢接受治療。

預防焦點

根據行為動機的焦點，完美主義者在做出決定、人際關係、看待世界的觀點都會不同。

個人的自我評價標準與調節焦點，會根據那人面臨的狀況與經驗而改變。即便一個人與生俱來的傾向（特質）為促進焦點，但面臨即將被解僱的危機時，預防焦點就可能被誘發。當這人參與新專案時，他不見得會致力於努力做出成果，而是將更大的心力放在避免被列在黑名單上。

如同前述，在第三章，將根據自我評價標準（內部或外部）與調節焦點（促進或預防），將完美主義者區分為追求認同型、慣性拖延型、安全導向型和成長導向型四種來加以說明。各類完美主義者的特徵大致如左圖。

要注意，重點不在於哪一種特徵類型孰優孰劣。此外，在某種情況下是優點的特徵，在其他情況也可能是缺點。與其比較各類型之間的高下，我們應該專注於理解在何種背景下，導致我與身邊的人發展成特定類型，以及各類型出現何種反應與行為的可能性更高，進而拓展理解的幅度。

完美主義者的四種類型

促進焦點
眼力快
追求認同型
外部評價標準 × 促進焦點
最容易博得他人好感，但完美主義水準最高，同時要留意會因為太過在意他人，疏忽了自己。
鋼鐵意志
成長導向型
內部評價標準 × 促進焦點
在強調要有自信、具領袖風範，但又必須和諧的東方社會中，可能會過於搶眼。（在西方，則是最幸福的完美主義者類型。）
外部評價標準
內部評價標準
追求刺激
慣性拖延型
外部評價標準 × 預防焦點
善於臨機應變，但身負重任時，會因對失敗與評價的恐懼，進而導致事情一再拖延。
防彈背心
安全導向型
內部評價標準 × 預防焦點
慎重且勤奮，是在東方社會最受歡迎的類型，但由於將安全與維持現狀擺在第一順位，具有忌諱改變或挑戰的傾向。
預防焦點

類型1

眼力快、八面玲瓏，追求認同型

外部評價標準×促進焦點
最容易博得他人好感，
但完美主義水準最高，
同時要留意會因為
太過在意他人，疏忽了自己。

根據延世大學諮商心理研究室的問卷調查結果，有最多的完美主義者是屬於追求認同型（三十八%）。這些人為了獲得他人的認可，因此總是善良親切，義不容辭地挺身幫助他人，而且他們非常善於社交、親切待人，第一眼就能贏得他人好感，可謂萬人迷。心理學家艾伯特．麥拉賓（Albert Mehrabian）曾說，非語言的表現能大大左右一個人的印象。根據他所提出的好感法則，經由視覺與聽覺所傳達的態度，在決定某人形象的比例上足足占了九十三%。另一方面，說話內容則只占了七%。追求認同型的完美主義者彷彿老早就摸透了麥拉賓所主張的好感法則，非常善於運用全身進行對話。

當然，這並不是意味著他們的外表出色。追求認同型的完美主義者具有卓越的能力，無論是表情、態度、肢體語言等視覺要素，或者是聲音、發音、語氣等聽覺要素，他們都使用得如魚得水，能讓對方感覺到自己很認真在對話。因此，追求認同型的完美主義者身邊多半圍繞著許多人。

對誰都很好

在公司特別獲得主管讚賞的人，有很高的機率是眼力快的追求認同型，而在學校，他們也想必是老師們疼愛有加的學生。他們的個性直率、容易親近、講究禮儀，因此深獲上位者的喜愛。他們也不會過分踰矩，所以就算做出多少有些討人厭的惡作劇，對方也不會感到不快。個性爽快，加上善於炒熱氣氛，因此外人會很自然地認為他們是外向型的人，直到這類型的人說出：「其實我是內向的人」時，大家都會大感意外，因為他們總是笑臉迎人。

正如前面所提及的，對這些人來說，人就是最大的資產。基於這樣的理由，即便不是工作上必要的人，他們也會花心思維持良好關係。時候到了就問候對方，也會定期打招呼，以免雙方的關係疏遠。同時，這些人具有促進焦點的特質，會著力於打造更美好的未來，因此會欣然承受危險，以創新的方式解決問題。不管個性內向或外向，只要能讓某件事成功，這些人會毫不遲疑地請求協助，即便是面對自己不太了解的人。

他們並不是不會感到難為情，而是因為對他們來說，如果態度扭捏，以至於錯失大好良機，才是無比愚蠢的事。因此，稍微丟一下臉或遭到拒絕的恐懼是完全可以承受的。對這些人來說，最糟的狀況莫過於什麼都無法從他人身上得到。他們認為，還不如眼一閉、心一橫地開口詢問，若是對方拒絕，到時再果斷放棄就好了。

追求認同型，顧名思義，這個類型對稱讚難以招架。當這些人聽到稱讚後，就會滿腦子想著這些話，甚至對給予讚美的人產生好感。同時，他們就像是想要證明稱讚並非空穴來風，會奮發圖強地督促自己進步，以符合他人的期待。一旦被稱讚沖昏了頭，他們甚至會自行扛下大家都避之唯恐不及的重擔。原本大家都不願意去做的事，但只要有人說「這件事就只有〇〇辦得到」或「少了〇〇，這件事就做不成」，他們就會產生「非得由我出馬不可」的感覺。無論過程中如何煎熬，只要主管說一句：「做得很好」、「辛苦了，不愧是〇〇」，過去的辛勞就會頓時煙消雲散。

渴望被稱讚

他們為什麼會成為對稱讚難以招架的類型呢？最具說服力的解釋，推測可能是背景差異造成的，也就是成長環境與經驗的差異。多數人都是以經驗為基礎，建立看待世界的內在價值觀，並透過該價值觀進行多數判斷、採取行動。舉例來說，童年時期，每當孩子需要父母時，都能獲得積極的協助，那麼孩子就會覺得世界很美好，凡事都能盡如己意，往後也會用相同的觀點進行判斷、做出決定。

追求認同型完美主義者進行自我評價時，
　會把外部的反應加權計分，
　將動機的焦點放在獲取更多成就上頭。

假設有個孩子叫做Z，父母只有在Z表現良好時，才會提供全方位的支援。當Z在考試拿到滿分時，父母就會滿臉笑容地稱讚他，並聘用更優秀的師資替孩子補習，如果孩子在畫畫比賽中得獎，他們就會把孩子送到師資更傑出的美術補習班去上課。

但是，碰到Z不拿手的領域時，就無法獲得父母的協助。Z雖然熱衷於踢足球，但因為實力平凡，父母並未把Z想增進球技的想法放在心上，Z也自然無法獲得關於足球的任何支援。Z的父母並不是壞人，而是因為他們判斷，與其把時間分散在不擅長的事情上，不如對擅長的事情集中火力。

Z領悟到，面對自己不擅長的部分時，他必須獨力扛起一切，還有如果無法有出色的表現，獲得父母的認可，自己就無法得到支援。基於這樣的經驗，導致與Z相同的孩子會產生這樣的想法：如果我想要獲得某種照顧或協助，就必須先以實力取得肯定。

追求認同型的完美主義者，從小會為了獲得照顧與支援，而必須「證明」自己。

反覆經歷這種經驗的孩子們，很可能從小到大都把成就視為確保照顧與安全的一種機會。童年時期的支援來源是父母或主要養育者，青少年時期是師長，成為職場人士之後則是主管，一旦取得成就、獲得認可，就可以從他們身上獲得自己想要的，這樣的想法在追求認同型的心中根深蒂固。更進一步來看，他人的稱讚就表示現在的自己做得很好，也意味著大好前程，因此追求認同型完美主義者會想藉由稱讚，確認自己是能從他人口中聽到正面評價的人。這些人為了獲得自己想要的，於是被努力向他人證明自己的方式所豢養。

透過外在認同，才能肯定自我

那麼，對這些人來說，稱讚究竟具有何種功能？就算不是完美主義者，稱讚等正面回饋也都會使人心情愉悅。

但是，對追求認同型完美主義者而言，稱讚並不只是使人心情愉悅的反應，而是透過他人的反應再次確認自身成就的過程，因此只要獲得稱讚，原本不安的心情就會隨即穩定下來。雖然要解釋有點困難，但為了更精確地說明，在此要介紹的是心理學的「分離與個體化（separation-individuation）」概念。

當小寶寶逐漸脫離父母，成長為獨立的個人，就叫做分離與個體化。隨著小寶寶開始會在地上爬、蹣跚學步，與父母（主要養育者）形成身體上的距離，心理上也開始做好獨立的準備。但是，為了求得安心（一種情緒上的再充電），小寶寶依然必須確認父母就在自己身邊，因此他們會隔著一定的距離確認父母的身影。小孩子經常會大喊：「不要」，自顧自地跑向想去的地方，但又不時確認父母有沒有在自己後頭。

但是，隨著孩子慢慢長大，尋找媽媽的次數也逐漸減少，直到最後，就算父母不在，他也不會太過不安，而這種變化正是與保護者分離後，形成獨立自我的結果。

慢慢地，年幼的孩子會提出強烈的自我主張，逐漸獨立茁壯，但同時又具有想獲得協助與再次確認的強烈需求。萬一年幼的孩子一味地往前跑，最後回頭時卻發現父母不在，那會發生什麼事呢？想必他會被極大的恐懼感所包圍。事實上，這種現象是很自然的，因為每個人都是各自獨立，但又想藉由他人替情緒充電的生物。

所以，不安的時候，我們會期望他人對我們說聲沒關係，好讓我們安心，其中又以稱讚成了能夠獲得他人的愛、照顧或尊敬等的明確指標。想持續獲得認可，就與想確認能否繼續做這些事是相同的。就這角度來看，追求認同型完美主義者可看成是「少了稱讚，就會產生危機感與不安感，覺得美好的一切可能消失，但若是獲得稱讚，就會安心下來」的類型。

認為嫉妒是種負面情緒

其他人完全無法討厭追求認同型完美主義者，因為他們不僅出類拔萃，卻又懂得謙沖自牧。他們並不排斥競爭，因此更容易比別人表現突出，多半也能集稱讚於一身。

令人吃驚的是，擁有亮眼成果的人經常遭同事們討厭，這些人卻不會引發他人的憎恨或嫉妒，總是能與大家和諧共處。而在職場上無可避的爾虞我詐、勾心鬥角中，這些人也同樣具有如魚得水的驚人能力。

之所以用眼力快來形容他們是有原因的。這些人看穿對方心思的驚人能力不亞於追求認可的程度，因此在某人流露出不舒服的情緒之前，他們就會率先接近並解決問題。此外，他們也不會過度炫耀自己、目中無人，藉此貶低他人，所以即便表現出色，卻鮮少樹敵。

為了忙著留心他人的反應，導致追求認同型完美主義者疲憊不堪，但反過來說，此特性也使他們成了好感型的完美主義者。

心理學家保羅·休伊特與同事們在論文〈社交斷絕理論〉[59]中解釋完美主義者的人際關係，並主張完美主義對人際關係帶來正面影響。一般來說，完美主義者會認為自己必須呈現毫無瑕疵的一面，大家才會喜歡自己，因此會不斷地努力消除缺點。但是，一心只追求自身的完整性，以致無暇關心共同體，反而可能發生社交斷絕的結果。

不過，追求認同型完美主義者不同於某些經歷社交斷絕的完美主義者，他們在能力獲得認可的同時，也與他人保持和諧的關係。考慮到東方社會特別重視連結的特性，就會明白在求學或工作時，要拿出獲得肯定的亮眼表現，同時又能和大家和諧相處有多困難。

以韓國文化為例，甚至還出現了「有稜角的石子挨鑿子」（意思同槍打出頭鳥）這句俗諺，由此可知，在優秀人才容易招忌的文化中，這些人的能力可真是讓人稱羨。

外表樂觀，內心焦慮

正如前面我們說明了分離與個體化概念，追求認同型完美主義者是為了消除孤立與喪失帶來的恐懼感，因此努力獲得認可。當這些人感到恐懼時，會最先研究獲得認可的辦法。由於他們具備促進焦點的傾向，所以不會只停留在維持目前已博得的好感，而是會努力獲得更多、更屹立不搖的認可。

也因此，他們表面上看起來樂觀積極，實際上內心卻充滿不安。由於他人的評價無法預測，也無法插手干涉，所以追求認同型的人總是心急如焚。評價自身價值時，重視他人的認可與回饋的他們，最常出現以下台詞：

「吃你想吃的，我都不挑！」

「上次你說想看這部電影吧？要不要我先訂票？」

因為時時以他人優先，所以他們不堅持自己的想法，要拒絕他人也相形困難。當自己過於忙碌，就連某人的小小請託都會造成莫大的負擔時，他們卻無法拒絕對方，以致在答應請求之後卻又後悔不已。即便是再微不足道的請求，這些人也會因為擔心拒絕之後，那人會討厭自己，或者擔憂往後無法得到協助，因此不惜勉強自己也要答應對方的請求。他們可說是經常苦惱別人如何看待自己，卻忽略自身心情的類型。

這些人搞不好某天會產生這樣的想法。「雖然身邊的人很多，卻沒人真正明白我的心情」，因此有時他們會感到非常孤單。若是在這種情況下答應別人的請求或獨攬公眾之事，久了就會感到心理不平衡，甚至對於沒有像自己一樣付出關心的對方感到失望。一言以蔽之，他們很容易碰到「先對別人好，自己卻受傷」的情況。

因此，這類完美主義者需要對自己多花點心思，並在自己真正想要的與對方想要的之間取得平衡。對某件事缺乏真心，就會讓人看出你是迫不得已。無論再怎麼竭力想要隱藏，也會接連露出馬腳。即便你辛苦地幫了對方的忙，也可能聽到別人譏諷你是愛出風頭。

對追求認同型來說，沒有比這種評價更傷人的了。他們可能會想大喊：「真的好累，好想乾脆搬到無人島去住！」但事實上，對追求認同型完美主義者來說，以他人為中心的傾向有許多正向好處，因此很難說要拋下就拋下。

此外，這是從小就日積月累的模式，因此不可能某天就突然澈底根除。當你期望獲得正面評價、收到更多認可的心情猶如脫韁野馬般變得難以控制時，正是反過來聆聽內在聲音、聆聽自己真正想要什麼的最佳時機。

不敢展現自我

追求認同型完美主義者大致上都很親切開朗，但有時候卻會莫名地給人微妙的距離感。假如你身邊有這種類型的人，試著回想一下，說不定你會領悟到自己其實對這些人一無所知，因為這類完美主義者並不會將自己的完整面貌呈現在他人面前。

他們會和你一搭一唱、給予熱情的反應，因此你會覺得彼此好像很談得來，但追求認同型並不會去主導和自己相關的主題或話題，而是針對圍繞在對方身上的對話給予適時反應，積極參與。

就算偶爾提到關於自己的事，也多半是為了把對話主題自然地交給對方，因此除非某人再三逼問，否則他們不會表露真正的心思。

所以，追求認同型完美主義者喜歡接近人群，同時又對此心生厭惡。他們會為了別人沒有遺忘自己而開心，如果獨自一人，就會感到內心空虛。他們會帶著愉快的心情去見其他人，但經過一小時後，就又會萌生想回家的念頭。把所有注意力集中在他人身上長達一小時以上，要比想像中痛苦多了。

況且，處心積慮地想給對方留下良好印象，導致疲憊感也跟著加倍。如果能順利撐過這辛苦的過程，就等於擁有了高超的社交技巧，但很少有人能承受無止境的情緒消耗。

因此，就算感到彆扭不自在，也有必要逐步在對方面前展現自己本來的樣子。你不需要一口氣宣洩所有情緒，無論是部分情緒或關於自己的小細節都無所謂，只要慢慢習慣談論自己的事情，就越能享受對話的過程。反正這類型的人向來不太談論自己的事，因此就算就自己的標準來看，已經算是很果敢地分享了許多事情，但他人的眼中，可能也並未達到標準。

此外，由於他們很懂得察言觀色，不可能會發生獨占對話、造成對方困擾的情況，因此稍微敞開心房也無妨。如果能多專注在自己身上，而不只是把重心放在他人，與他人相處的時光也會更輕鬆自在。

野心過大，容易情緒崩潰

追求認同型完美主義者具有促進焦點傾向，因此會熱衷於全新的嘗試，以獲取更多成就。這些人不只對各種領域持開放態度，也不太會拒絕他人的請求，因此有時會承攬過多的工作。

完美傾向高的追求認同型，為了打造出符合本人標準及他人期待的成果，不惜熬夜工作，但有時危機很容易在此時找上門來。

超出負荷久了，無論是體力或精神上都很容易枯竭，工作反而無法如期進行。在這情況下，假如腦中又產生名聲可能受損或身邊的人會失望的念頭，這些人平時善良開朗的樣子說不定會頓時消失無蹤，甚至大發雷霆呢。

但緊接著，他們又會想到自己沒有按捺住性子，讓別人看見自己真實的面貌，為此懊惱不已。這些人之所以氣急敗壞，原因就在於失去認可我的人（資源）之後，就會造成恐懼感。他們並不是真的發怒，而是以怒氣來表現恐懼的心理。因此，追求認同型完美主義者最好只接下自己能夠承擔的工作量。

根據延世大學諮商心理研究室的問卷調查，追求認同型者是最幸福，但同時也是最憂鬱的完美主義者類型。事情暢通無阻時，他們充滿自信與滿足感，但只要稍有不順遂，他們就會感到失望透頂、意志消沉，甚至產生悲傷的情緒。

當平時順從勤奮的人突然精神崩潰，對每件事漫不經心，就可能帶給他人反覆無常的印象。

當某人請求協助時，先調整自己的呼吸，思考一下吧，拋下手邊的工作去幫助別人是合理的嗎？又或者集中火力在目前的工作會更好？如果無法承擔更多的工作，就試著果敢地鼓起勇氣拒絕吧。

追求認同型懂得察言觀色，體會別人遭到拒絕的心情，絕對有能力把事情處理好，避免衍生問題。再次強調，不要野心太大，只要不超出負荷，你就能展現出從一而終的形象，而且不會只是獲得一次稱讚，而是能取得對方更深的信賴。

關鍵字

#平時親切待人 #人脈就等於資源 #被人稱讚是我的動力

#失去認可就會不安 #疏於照顧自己

59 Hewitt, P. L., Flett, G. L., Mikail, S. F., Kealy, D., & Zhang, L. C. (2017). Perfectionism in the therapeutic context: The Perfectionism Social Disconnection Model. In J. Stoeber (Ed.), The psychology of perfectionism (pp. 306-330). London, UK: Routledge.

類型2

追求刺激，慣性拖延型

外部評價標準×預防焦點
善於臨機應變，
但身負重任時，
會因對失敗與評價的恐懼，
進而導致事情一再拖延。

慣性拖延型的完美主義者是以外部評價為標準，並以預防焦點為主。以外部評價為標準這點與追求認同型相似，但具有預防焦點傾向則是不同的。

這些人的行動準則是為了避免他人的負面回饋，一言以蔽之，此類型是臨機應變的鬼才。

舉例來說，假設進行專案前三天發現出了很大的差錯。這下慘了，期限已經定案，要是搞砸這件事，說不定飯碗會不保，整個團隊也會跟著完蛋，但這時不用擔心，因為慣性拖延的完美主義者有能力承受這種極限壓力。眼見截止日逼近，這些人會搖身變成綠巨人浩克，在順利達成任務之後化為灰燼，展現出足以稱作臨機脫逃冠軍水準的最後衝刺。當然，偶爾他們也會逃脫失敗，這時恐懼感就會突然襲來。

對這類型的人來說，重要的是由我作主，所以基本上他們不會做自己討厭的事。他們會對自己心動的事興致勃勃、全心投入，但對於他人吩咐的事則會心生排拒，所以有時當別人交付任務之後，他們會等到自己心情對了才去做，或者為了提高完成度而拖延。

這些人要比其他完美主義者的標準更高，並且會堅守特定領域與風格，所以即便乍看之下他們像是只做喜歡的事的自由主義者，但實際上卻是不折不扣的原則主義者。

他們尤其討厭對別人造成麻煩，或者做出惹人厭的行動，因此無論是對自己或他人，都期待能按照常識行動。

對這些人來說，顏面掃地或失去威信無疑是場噩夢，因此有時他們會為了維持良好印象，於是隱藏部分真相或誇大其辭。他們的自尊心很強，也很重視面子，因此唯有展現出完美形象才會安心。

刻意拖延的背後成因

據延世大學諮商心理研究室的問卷調查結果，慣性拖延型的完美主義者最大的特徵在於拖拖拉拉。這些人甚至會刻意把最後一刻的刺激感來當成動力。因為一旦產生不安與恐懼等原始情緒，他們就會感覺到自己活著，腎上腺素激增，並得以發揮瞬間的爆發力。

這類完美主義者有時會善用這種本能故意拖延，以勒緊自己的不安感為跳板，在最後關頭全力以赴。

像是這種自發性的拖延行為，在心理學上便稱之為「主動性拖延（active procrastination）」，意指為了利用迫切感而刻意拖延。達文西、賈伯斯等人也曾在最後一刻留下了令人拍案的作品。道格拉斯．亞當斯（Douglas Adams）是創作科幻小說《銀河便車指南》的作家，當年在創作這系列小說時，道格拉斯遲遲不肯動筆，四處逃亡，讓各編輯焦急不已，直到最後他才被關在飯店裡完成了曠世巨作。如此說來，拖延的行為不也具有某種正向功能嗎？

主動性拖延是心臟強的人能選擇的一種戰略，但如果腦中不斷想著「我得趕快做……」並一再延宕，導致無法在期限內完成任務，這就屬於被動性拖延。這兩種拖延行為最大的差別在於具有自信與否。主動性拖延的人就算碰到時間上的壓力，仍具有想盡辦法完成工作的自信。這些人是與名為失敗的恐懼搏鬥的鬥士，他們花上好幾個小時與工作奮戰，在進行作業時進入忘我的境界，接著在最後一分鐘戲劇化地完成工作。

但是，被動性拖延的人缺乏對自己的信心。唯有拿出漂亮的成果才能獲得認可，但他們卻滿腦子只擔憂要是失敗了，說不定會顏面掃地。儘管擔憂與不安能帶來鼓舞效果，使人更容易進入狀況，有助於執行工作，但過度的不安則會引發逃避反應。

所以，被動性拖延的人選擇的不是投入工作，而是逃跑。他們沒有打開報告檔案檢視，而是選擇清理書桌或整理書櫃、吃飯、洗澡，與此同時，卻對迫在眉睫的工作束手無策，只能一再延宕。

對失敗的恐懼

經常延宕工作的慣性拖延型完美主義者，何以會對失誤感到神經兮兮？當我們想從失誤中成長，就必須先消除內心的羞愧感。舉例來說，七歲孩子在朋友家玩的時候，對朋友的媽媽說：「阿姨，買餅乾給我！」這時，有些人可能會覺得孩子很可愛，也可能覺得他自以為是。

萬一朋友的媽媽說：「哎喲，你這孩子怎麼這麼莽撞？你是把餅乾寄放在阿姨這邊了嗎？」孩子就會認為自己犯了錯並感到羞愧。孩子本來沒有多想，只是天真爛漫地脫口而出，可是卻收到了批評，所以當下會感到驚慌失措，並且因難為情而漲紅了臉。從此以後孩子就會認為：不能隨便向家人以外的人要求什麼、要先觀察對方，再做出適當的反應，暗自銘記絕對不能失誤，言行舉止也會變得小心翼翼（或許就不敢貿然行動）。

慣性拖延型的完美主義者，童年必然有犯下失誤而丟臉的經驗。

一旦為自己的某種行為感到羞愧，就會很自然地心生退縮，這即是人的心理。此外，假如每次失誤時都受到尖銳的指責，往後就很難按照自己的想法行動。同時，他們會透過經驗學習到，若是迎合他人提出的標準，就不會遭到指責或丟了顏面，因此乾脆把他人的意見當成自己的會更安全。

但是滿足自由意志這個基本心理需求對人類來說非常重要，因此會想要建立起不受他人束縛的自主性。

為了避免感到羞愧，他們會先觀察他人的反應，但同時他們又具有想要自己作主、想要理直氣壯的需求，因此有時他們會很激烈地反抗，告訴別人「別干涉我！」這就和如果硬壓灌滿氣體的氣球，就會造成氣球內部的壓力過大而炸開是一樣的。

根據延世大學諮商心理研究室的問卷調查，慣性拖延的完美主義者最大的特徵是拖拖拉拉以及對失敗的恐懼。他們會為了避免因為失誤或失敗而丟臉，於是一味迎合他人，最後成為遵守規定的原則主義者。他們雖然會產生想隨心所欲的反抗心態，但同時又不能不顧面子。

唯有容許失誤，我們才能在錯誤中學習。心理傾向不會因為一次丟臉的經驗就完全定型。假如朋友的媽媽很和藹地接受孩子的要求，或者雖然不太高興，但至少親切地向孩子說明，那會怎麼樣呢？

「你想吃餅乾啊？早知道阿姨就事先準備了。〇〇你很活潑外向呢，不過如果第一次見面就叫人家買東西，有些大人可能會不高興喔。〇〇你這麼聰明，應該可以聽懂阿姨說什麼，對嗎？」如果朋友的媽媽能像這樣輕聲地告訴孩子，也許他就會在無形中修正自己的行為。所以，無數教育專家才會勸告大人，當孩子們犯下介於天真與無知之間的失誤時，可以告訴他們，但必須要以包容的態度教育之，避免孩子心生畏縮。

為什麼會拖延？

事實上，之所以一再拖延，是因為那件事對自己具有重大意義。假如此類型的完美主義者在拖延某件事時，又為此感到痛苦，就有必要適時提醒自己。

拖延重要事情的原因不在於懶惰，而是因為一心想把這件事做好，而且最重要的，是無論如何都得避免丟臉的情況。一旦被非得完美不可的負擔感牽絆，就會處心積慮地想要消除可能造成失敗的要素。

但是，在過度的負擔感中掙扎久了，不免就會懷疑「我有必要做到這一步嗎？」也會認為自己的努力毫無意義，因此就會把正事丟下，跑去做不相干的事，直到自己產生想做正事的念頭為止。

另一個原因是「自我差距（self-discrepancy）」，也就是現實的我與理想的我之間形成很大的差距。若自我差距大，在做某件事時，就會產生害怕無法做好的恐懼感與負擔感，而想要逃避的心理也會如滾雪球般越滾越大。

假設目前任務是要交出企劃案，而理想的我必須在四天內完成讓大家點頭稱是的完美企劃案，但現實中的我卻持續卡在第一句要如何下筆。起步就已經晚了，加上完成任務的自信也隨著時間逐漸消失，所以別說是要飛快完成了，就連精神也難以集中。

當兩者差距過大，自信感就會逐漸消失，接著就很容易陷入究竟是這個產品適合，或者發展其他產品更好的選擇障礙。

而且，慣性拖延型的完美主義者多半自信不足（光從他們非常害怕失敗就可得知），因此很可能小看了自己的能力。

他們討厭承認自己能力不足，但如果想要達到理想的自己，就必須做好懸梁刺骨的覺悟，所以到最後他們只能動彈不得。

想要做好，卻無法盡如己意

慣性拖延型的完美主義者總是在假設失敗的可能性，所以會事先準備好失敗時迴避責任的說詞。他們擔心會失去他人的認可，在大家面前出醜，所以才會事先備好煞有介事的說法，但事實上他們內心可能認為這樣的自己很沒出息，不斷數落自己。

第一百八十二頁表格是這類型完美主義者失敗時的慣用台詞與真正的心聲。

這類完美主義者總是處於惋惜或懊悔之中。他們認為，要是父母多栽培我，讓我擁有出眾的學經歷及背景，又或者多給我一點時間，我說不定就能做得很好，因此悔恨交加，沉浸於過去。

如果這些人想要擺脫找藉口與後悔的惡性循環，就必須暗自下定決心，不要讓自己的潛力逐漸萎縮。即便有再合理的理由，若是不斷為自己製造不利的條件（不斷拖延，導致在作業時間內虛度光陰），時間久了，失敗的經驗就會變多。

消除拖延症狀最好的方法，就是從小地方開始持續累積成功經驗。與其凸顯自己的不利處境，並取得他人的諒解，不如善用強項，累積成功經驗，自信心就會與日俱增。

失敗時的藉口 vs. 真正的心聲

慣用台詞	真正的心聲
「是因為突然有事。 我真的很認真在做，只是時間不太夠。」 「我已經很努力了， 結果卻不如預期。」	「我就是沒本事……」

容易不切實際

有時，慣性拖延型的完美主義者會展現出毫無根據的自信感。今天做不到的事，明天的我就能做到、我只是沒下定決心而已，只要我狠下心，就能拿出比任何人更好的成果的自信感都是很不切實際的。

習慣是很可怕的，今天做不到的事，明天也很可能做不到，況且過去並沒有成功的經驗，因此天真地以為只要下定決心就能辦到，無疑是痴人說夢。

像這樣認為無論如何都只會發生好事的心態，就稱為「不切實際的樂觀主義（unrealistic optimism）」。「實際的樂觀主義（realistic optimism）」是在展望美好未來的同時，以實際的對策與執行方式作為支撐，而不切實際的樂觀主義則是充滿了就算毫無實質行動，也不付出努力，全宇宙仍會來幫助我的荒誕想法。

在還沒付諸行動之前，慣性拖延型的完美主義者就開始害怕失敗、畏畏縮縮，因此可能會標榜樂觀主義來安慰自己。

他們會想：「管他的，難不成我還會搞砸嗎？」並且只模糊地想著，等自己想要百分之百投入時，再來開始。但是經驗早已證明，所謂的完美時機終究是不存在的。祖先又不會出現在夢中，告訴你：「現在開始準備升遷考試吧，現在就是最佳時機。」

當完美主義者抱持不切實際的樂觀主義，就會不斷混水摸魚，盡可能拖延工作，最後才如燃燒火花般全力衝刺。只是，因為物理時間不足，導致最後無法符合原本的期待，做到完美。

因此，這類完美主義者自然需要勇氣——不逃避，付諸行動的勇氣。想東想西、刻意去做不相干的事，卻希望能消除不安，是絕對不會有任何幫助的。

別讓心中的大石頭囚禁自己，先開始做做看吧。你不需要一開始就綁好頭巾，坐在電腦前面熬夜完成，但你需要將工作妥善分配好，讓自己沒有負擔，並為了完成工作，率先踏出第一步。下班時，把相關資料印出來之後，躺在床上聽著音樂，輕鬆地瀏覽一下也不錯。

記住，你具備了「一旦開始，就能把事情做好」的能力。做久了，你對事情的想法也會慢慢地具體成形。光是知道該做什麼、分量應該多少、從哪裡獲得幫助，要走的路就減少了一半。

擺脫不切實際的樂觀主義，並逐步培養實際的樂觀主義，慣性拖延型的完美主義者就能快速地克服頑固的不安等負面情緒。[60]

身為臨機應變的鬼才，只要發揮先開始的勇氣，從腳踏實地做起，以慣性拖延型的靈活資質，必能擁有一番成就。

做事不懂輕重緩急

慣性拖延型的完美主義者，在碰到交期逼近時，能發揮驚人的集中力，在短時間內完成任務。其他人可能要花三天時間完成的工作，他們甚至只要一天就能完成。

問題在於這驚人的能力要到最後一刻才會發揮，等於是耗損了原本能領先他人的餘裕。他們可能會暗自對自己做事迅速而志得意滿，但是因為交出的時間基本上和別人一樣（甚至偶爾還比別人晚），因此並不會帶來正面評價，說不定還能明顯看出是急著趕出來的，因此獲得差評。

這種非得等到火燒眉毛，才會開始做事的傾向，在負責長期專案時，更容易突顯出缺點。

當專案必須持續半年左右的長時間，在執行方面最重要的莫過於明確的時間表與業務分配。把長期專案交付給這些人時，他們可能會因為壓力過大，導致起初兩個月什麼也沒做，一再拖延。

這些人很習慣需要一鼓作氣的短跑，但對於必須有計劃地分配體力、調整輕重緩急才能跑完全程的馬拉松卻很生疏。

如果做事勤奮的上司或管理人員每天都向他們確認工作進度、對其施壓，或許就不會發生任何狀況，但如果是必須獨力進行的專案，他們就必須自行掌控一切，因此很可能會承受莫大的壓力。

若是無法甩開這種壓力，在這六個月中，他們就會毫無想法地度過前四個月，直到某天距離交期剩下不到兩個月，才赫然發現自己無法在期限內拿出有意義的成績，說不定就會瞬間放棄一切。

因此，對慣性拖延型的完美主義者來說，開始的勇氣與講求實際的時間管理能力是不可或缺的。

這在心理學稱為「時間觀（time perspective）」，指的是為了達成某個目標，借力於以往的經驗，推定可能會花費多少時間。

換句話說，即是針對某件事花費的時間，做出符合現實的預測。儘管長達半年的時間會讓人倍感負擔，但只要心中描繪出何時該做什麼的藍圖，就能減少不確定性，做起事來也會更得心應手。

關鍵字

#講求心情派　#被動拖延　#害怕丟臉的恐懼
#事先找藉口　#暗自懊悔

60 Langens, T. A., & Schmalt, H. D. (2002). Emotional consequences of positive daydreaming: The moderating role of fear of failure. Personality and Social Psychology Bulletin, 28(12), 1725-1735.

類型3

防彈背心，安全導向型

內部評價標準×預防焦點

慎重且勤奮，
是在東方社會最受歡迎的類型，
但由於將安全與維持現狀擺在第一順位，
具有忌諱改變或挑戰的傾向。

安全導向型完美主義者是以內部評價為標準，並以預防焦點為主。就重視未雨綢繆這點來看，與慣性拖延型的完美主義者相似，但兩者在評價標準上有很大的差異。

這類型做事慎重勤奮，是在華人社會最受歡迎的完美主義者，而他們採取行動的基準在於避開個人的失敗。

他們雖然不會積極表現自己，但因為深知實際可行的方法，因此多半能擔當重任。著手進行某件事之前，這些人會先靜靜地分析，制定滴水不漏的計劃，澈底阻斷事情出錯的可能性。

當我們說起完美主義者時，經常會聯想到慎重、零缺點等形容詞，而他們正是與此相符的類型。此外，他們也是深思熟慮、不多言，絕對不會輕易斷言的類型。因為他們認為，在沒辦法百分之百確定的情況下，太早做出判斷，不僅過於危險，也很不負責任。

所以，最好別跟這些人打賭。安全導向型的完美主義者慎重周密，如果他們答應打賭，必然是已經知道了正確答案。

為了事實的真偽而爭執不下時，或者在入門網站上搜尋資訊，確認誰對誰錯時，贏過這些人的機率都很低。如果你的觀察力夠敏銳，就會發現這些人在答應打賭的同時，就已偷偷地露出了微笑。

根據延世大學諮商心理研究室的問卷調查結果，相較之下，此類型的完美主義分數算是偏低的。因為他們不太看重他人的反應，而是配合自己的標準行事，反而是在受到注目時會感到難為情。

評價自己時，只要他們確信自己已做到萬無一失，那麼無論他人的反應如何，他們都同樣感到心滿意足。這類完美主義者把焦點放在預防上頭，比起勇於挑戰，更集中於維持現狀，但因為這種性格與東方社會的習性非常吻合，因此成為深受歡迎的完美主義者。

計劃性高，執行度卻很低

對安全導向型的完美主義者來說，最重要的是制定滴水不漏的計劃，避免發生問題。這些人的目標，是盡可能在損失最小化的情況下取得成果。相較於取得出類拔萃的成果，集眾人注目於一身，他們更重視按照事前計劃，四平八穩地安全進行。

安全導向型的完美主義者善於做人處事之道，當慣性拖延型的完美主義者抱持樂觀想法拖延工作時，他們已經不動聲色地把所有計劃再次確認了一遍。如果和他們到國外旅遊，你至少會在出國兩週前就收到必買清單，以及包含必訪餐廳、旅行資訊、天氣、動線、預想移動時間在內的完美旅遊計劃書。

這些人總是制定無懈可擊的計劃，以提高執行的可能性，因此很少為了發生意外狀況而驚慌失措。當此類型的完美主義者長年深耕某個領域，那麼在進行某專案時，由於他們已幾乎摸透各種突發變數，因此就算碰上狂濤巨浪，也懂得如何乘風破浪。儘管制定無懈可擊的計劃需要花費許多精力，但能降低因為突發狀況而挫敗的危險，正是這類型的強項。

慣性悲觀主義

面對安全導向型的完美主義者時，需要留意一件事，就是必須尊重他們的防禦性悲觀論。這類型的人常將說不定會失敗掛在嘴邊，所以與這類型的主管初次共事的組員可能會有些不安，因為他們會產生「既然說會失敗，那何必做呢？」的根本性懷疑。

但是正如前述，這些人之所以三句不離失敗的可能性，是因為他們認為，無論任何事情都無法百分之百確定。這些人嘴上說著可能會失敗，但在行動上，他們會為了減少失敗而精益求精，掌握可能的變數，並將它們反映在計劃上頭。

換句話說，這些人是冷靜客觀的現實主義者，所以他們的腦中時時帶著「誰能保證我們負責的事情必定能成功？」的念頭。或許對安全導向型的完美主義者來說，悲觀論也是一種策略。看到正面樂觀的一面固然重要，但達成目標更需要實際的觀點，因此他們會把失敗的可能性也放在心上。

如果不澈底做好準備，說不定就會失敗，這種預防焦點型的危機感會賦予他們非得做好不可的強烈動機。想讓事情一舉成功，將失敗最小化的縝密計劃，以及追求安全至上的性格，無疑是天作之合。

常是團隊成功的幕後功臣

安全導向型的完美主義者很可能無法收到該有的讚美。當事情進行得太過順利時，別人並不容易注意到這些人過去吃了多少苦。瑕疵不必刻意去揭開，也很容易被看見，但當事情順利維持現狀、沒有半點問題時，就很難發覺誰才是含辛茹苦的幕後功臣。

然而，一旦過往替所有事情收尾，努力將問題最小化的人從小組中退出，所有人都會感受到莫大的空缺，因為他們會很自然地產生：「原來這個人之前做了這麼多事啊？」的想法。

安全導向型的完美主義者彷彿撒下看不見的網，默默在旁協助，以避免事情偏離路徑，因此當他們消失時，大家會在突發狀況面前手忙腳亂，難以找到平衡。所以，「不在時，更能感覺到他的存在感」這句話最符合這類完美主義者。

這類完美主義者的另一特徵是不會要求他人認同，也不會過度誇耀自己的功勞。即便遭遇失敗時也一樣，他們多半不會向某人吐露心中的失落，從他人身上獲得心理上的支持，而是在自己堅固的世界中獨自承受、消化對失敗的恐懼。所以，即便是在非常親暱的關係中，這些人也不覺得自己非得用言語表達所有感受。

假如這類完美主義者的口中說出對某人的失望，那很可能是過去的情緒累積到難以忍受的程度。

只是，因為對方過去不曾面對這種狀況，所以會覺得這種態度來得太過突然，也無法對好不容易才吐露失望之情的說話者安慰。碰到這種時候，安全導向型的完美主義者就會陷入全然的孤單。

個性早熟懂事

安全導向型的完美主義者，大概小時候父母並不容許子女有耍賴哭鬧的行為。因為他們知道，如果自己直接表達出負面情緒，父母就會不高興，所以這類人從小就不會直接表現出自己的心情，而是會往肚子裡吞。習慣壓抑情緒久了，包括父母在內的其他人，也就很自然地認為他們是穩重的孩子。父母為了孩子成熟有禮貌的態度感到欣慰，而安全導向型的完美主義者也會為自己的獨立深感自豪。這類完美主義者從小就很早熟懂事。

但是，成為父母不必過度費心的穩重孩子，也表示他無法像其他孩子一樣自在地表達心情，又或者可能在童年時期缺乏必要的情緒交流。因為父母不接受孩子表達情緒，導致孩子過於壓抑，所以雖然表面上顯得穩重，但另一方面他也可能為了避免失去父母的信賴，於是埋首於取得正向成果。這也造就了安全導向型以慎重與完美計劃為根基的樣貌。這些人彷佛獨自留在遙遠異地，認定只有自己能守護自己。

所以，對這類型來說，安全第一永遠是最佳的目標。想要進行果敢大膽的冒險，除了自己之外，還必須有其他能依靠的人，但早熟的安全導向型向來都是帶著「能相信的人，就只有我自己」的態度取得成就。這樣的背景，也使他們不必受到稱讚就會自動自發地持續努力，而自己打造的世界也逐漸穩固。

需要果斷放棄的決斷力

當你無論再怎麼努力，仍持續出現不樂觀的徵兆時，果敢地放棄夢想或許會是更好的選擇。在每個人都認為成功機會渺茫的事情面前，固執地撐到最後並不是個好辦法，但多數人卻未拿出放棄的勇氣，而是選擇先撐下去。這是因為過去所投資的時間和努力等早已覆水難收，也就是說，他們是捨不得放下已經付出的沉沒成本。

基於慎重性格與講求完美計劃，安全導向型的完美主義者在著手做某件事，特別是必須承認失敗時，會有無法即時察覺的傾向。這些人可能是為了避免自己最在意的事情失敗，也可能是因為難以做出放棄這個果敢的決定。

此外，由於他們是以內部評價標準為主，所以相較於仔細聆聽別人說的話，他們可能更相信自身的判斷，並對失敗的現實視而不見。開始做某件事時，他們會為了避免經歷失敗，縝密地制定計劃，描繪出美好藍圖，加上他們相信自己的能力，過去也取得許多成就，所以可能會很難接受失敗的事實。也因此，他們無法輕易做出乾脆放棄並轉身的決定。

假如安全導向型的完美主義者只是普通職員，那麼，沒有即時承認失敗並不會造成太大的風險，但假如他是最高階的經營者，又固執地不肯承認錯誤並適時調整，就可能造成威脅企業穩定經營的嚴重風險。

舉例來說，運動品牌安德瑪（Under Armour）近期的銷售持續低迷。儘管打破運動服裝與日常穿著的「運動休閒風（Athleisure look）」已蔚為潮流，但安德瑪並沒有跟進，反而為了守護專業運動品牌的形象，只持續推出高機能性的產品。

隨著消費者偏好時髦設計的需求與日俱增，安德瑪的販賣量也逐漸走下坡。

比起興奮感，先追求安全感

在公司比賽中獲得第一名的快樂，以及所有學分都安全過關、能順利畢業的快樂，兩者是不同的。倘若前者是一種興奮感，後者則更接近安心感。安全導向型完美主義者的焦點完全放在避免丟臉、悲傷、挫折等負面情緒。由於他們過去毫不鬆懈、持續下苦功，所以幾乎不曾面臨失敗，只是，當他們意識到自己過去很少產生興奮感，就會為此感到惋惜。

想要走出自己的世界，將視野擴張到其他世界，就需要正面的情緒。根據正面情緒研究的權威芭芭拉．佛列德里克森（Barbara Fredrickson）提倡的「正向情緒的擴張與建構理論（The broaden-and-build theory of positive emotions）」，負面情緒會縮小思考與行動範圍，提升生存所需的能量，而正面情緒則能擴大思考與行動，有助於建構全新的可能性與資源。

依據芭芭拉．佛列德里克森的實驗[61]，能感覺到愉快、滿足感等正面情緒的人，創意性更出眾，並且懂得放大格局。這意味著什麼呢？對安全導向型完美主義者來說，預防這個要素已經足夠了。

因此，如果事前已如猛獸壓低身子般充分觀察並做好準備，就有必要在適當範圍內降低警戒心，讓自己充滿迫不及待的感覺。

學會享受努力的過程

為了增添執行目標時的興奮與期待感，安全導向型完美主義者需要的是促進焦點。再三向只求一帆風順就心滿意足的安全導向型強調成長與進步，是因為根據著眼的目標，會為人生旅程帶來不同的經驗。目標特性可以區分成兩種[62]，請參考一百九十九頁比較表現目標（performance goal）與精熟目標（mastery goal）的表格內容。

只要安全導向型完美主義者追求精熟目標，就能更享受努力的過程。由於他們本來就對失敗很敏感，一時要改變追求安全至上的傾向恐怕有困難，但仍需要從嗜好等不會執意追求完美的領域下手，培養促進焦點。

偶爾沒效率也無妨

安全導向型完美主義者講求有效率的溝通，他們偏好以誤會的機率小、留存紀錄的方式進行工作上的溝通。此外，他們在留下紀錄時，也只會明確傳達重點。

假設要用電子郵件寄送會

目的性不同的追求導向

表現目標	精熟目標
以取得「第一名」、「優勝」、「錄取」等展現能力的成果為目標	**以藉由取得成果的過程開發能力、提高本事為目標**
達成目標的標準明確，因此經常能賦予動機，但基於「成功或失敗」的二分法思考方式，會導致他們不敢輕易挑戰失敗可能性高的事情。對於與成功無直接關聯的資訊（例：與升遷考試無關的科目）不感興趣。	就算失敗，也不認為有損自身價值，因此即便成功機率不高，也會果敢地進行挑戰。相較於成功與否，更集中在自己「是否成長」。最重視的是朝更好的方向前進的主觀認定。

議紀錄好了，追求認同型的完美主義者會把重點放在收件者的心情上，努力寄出一封講求禮儀、平易近人的郵件，但安全導向型的完美主義者更重視的是減少溝通出差錯，而不是對方的反應，因此很可能會省略不必要的贅言，寄出一封僅含簡單問候與事實的電子郵件。

這種態度有時會給人過於堅決的印象，周圍的人可能會說他們是難以傾吐內心話的冰冷之人。

因此，安全導向型的完美主義者需要記住，效率與簡單明瞭並不是全部。單就工作的角度來看，某件事並不怎麼令人愉快，但透過共同克服突發狀況的經驗，革命情感也可能萌芽。

不會因成就就驕傲自矜的安全導向型，偶爾也需要往自己的臉上貼金。記住，這也可能讓人覺得你很人性化。

關鍵字

#安全至上 #自我依賴 #幕後功臣

#追求效率 #無法向人訴苦

61 Fredrickson, B. L. (2003). The value of positive emotions. American Scientist, 91(4), 330-335.

62 Eccles, J. S., & Wigfield, A. (2002). Motivational beliefs, values, and goals. Annual Review of Psychology, 53(1), 109-132.

類型4

鋼鐵意志，成長導向型

內部評價標準 × 促進焦點
在強調要有自信、具領袖風範，
但又必須和諧的東方社會中，
可能會過於搶眼。
（在西方，則是最幸福的完美主義者類型。）

成長導向型的完美主義者以內部評價為標準，並以促進焦點為主。就依據內部評價標準來看，與安全導向型相似，但這些人具有成就導向，因此相較於追求安全，他們會為了追求更出眾亮眼的成果，毫不遲疑地接受挑戰。同樣的，相較於他人的視線，這些人的行動往往是依據自身的標準。他們會為了獲得自己認為有價值的事物，積極地採取行動。

「我無所不能，這件事也一定辦得到。」

在強調個人主義的西方文化中，心理學家都會異口同聲地認為成長導向型是最佳的類型。這些人總是很開朗活潑，懂得以自己的積極性格為基礎，讓複雜的事情順利迎刃而解，也懂得善用自己的完美傾向。

根據延世大學諮商心理研究室的問卷調查結果，在東方社會的完美主義者之中，也以這類型最為幸福，心理上最健康。成長導向型善於利用自己的完美傾向，成就出眾，在日常生活中又是最幸福的類型，因此可說是完美主義者心目中的理想典範。有趣的是，這類型的人多半都在五十歲以上。

依據發展心理學家艾瑞克森（Erik Erikson）提出的社會心理發展階段，達成自我統合的時機就是在五十幾歲，想必這並不單純只是巧合。由於很少有人是天生的成長導向型，也意味著這類完美主義者是透過日積月累的豐富經驗、拓展的觀點與價值觀，才後天慢慢形成的類型。

對於長期深受完美主義帶來的不安與「過度（too much）」之苦的人來說，成長導向型不僅陌生，說不定還會讓人覺得很不真實。不過，成長導向型的完美主義者確實是存在的。

這些人不僅懂得善加控制自己的完美傾向，維持心理健康，也具備能取得卓越成就的高度自信，同時又很熟悉如何善用完美傾向解決問題。

況且，成長導向型的完美主義者並非與生俱來，而是後天塑造的，這點著實為所有完美主義者帶來了希望。

舉例來說，善於臨機應變、瞬間爆發力的慣性拖延型就充分具備了蛻變為成長導向型的資質，只不過因為他們屬於預防焦點型，所以很容易心生畏懼並一再拖延。那麼，我們又該向成長導向型學習什麼呢？

樂觀的現實主義者

成長導向型的完美主義者總是想著事情成功時的喜悅和興奮感，因此只要開始做一件新的事情就會神采飛揚、興奮不已。而且，即便不是自己拿手的領域，他們也會毫不猶豫地挑戰。

當其他人在評估危險性並遲疑不決時，這類型的完美主義者則是果敢地做出決定，充滿魄力地推動一件事。

核心在於「獲得」。

眾所周知，占據藍海需要過人的勇氣。舉個例子，如今「外送的民族」是在韓國享負盛名的手機程式，但在創業初期，卻是個連行業類別都很讓人生疏的新創企業。它是個消費者不必親自打電話或走進餐廳，也能訂購餐點、協助外送的平台。

經過不斷進化，它省去了消費者瀏覽廣告傳單、確認鄰近餐廳電話號碼的繁複步驟，只要在簡單的手機程式內搜尋，或者透過種類列表，就能輕鬆找到餐廳的評分或消費者評論，而且一次就能完成付款。

當然了，創業初期，他們為了讓那些只要打通電話就能訂餐的餐廳加入，著實花了不少工夫。為了提高加盟店的數量，「外送的民族」採取的早期策略是走訪大街小巷，親自拜訪有外送員的餐廳，向店主們說明事業宗旨。

剛開始他們必然遭到無數次的拒絕，而這也代表這項事業難以確保能大獲成功，但他們依然相信其發展性，持之以恆地推動事業，而就在戰勝所有難題的此時，「外送的民族」成了每位韓國人都會使用的國民手機程式。

成長導向型的完美主義者會事先瞻望危險要素，但最後仍會朝有價值的方向邁進。

成長導向型的完美主義者是透過與「外送的民族」類似的成長路徑，戰勝各種問題，逐步累積成功的經驗。他們透過長期的經驗，累積了一定的實力，因此要比任何人都樂觀，也是懂得正視當前問題的現實主義者。

儘管這些人對於出人頭地充滿信心，但這並不是空穴來風、毫無根據的自信感。這些人並沒有被自己的不足束縛而躊躇不前，而是盡快彌補不足之處，仔細地找出哪個部分能有進步空間。

此外，他們對事情成功後獲得的成就感與各種現實好處滿懷期待，因此在努力的過程中，不會一下子就疲乏無力或輕言放棄，而這也正是他們最大的強項。

養成信賴感與高自尊

父母在教養子女時，如果能堅守公正的態度，對子女表現良好的部分給予稱讚，犯錯時也能明確地指責，子女就能帶著對世界的信任與高自尊感，毫無所懼地朝著成就前進。成長導向型的完美主義者很可能就是在這樣的父母底下長大的。這些人和追求認同型有相似之處，但對他人與世界的信賴展現出決定性的差異。

人類的內心都有一種基本假定。基本假定是指如同世界是能夠信賴的等與事實無關，一個人視為理所當然的想法。就算無法準確地用言語表現出來，人們也都各自帶著對他人的印象或對人的觀點，像是世界上沒有人能相信或像家人一樣站在我這邊等，而心理學就稱此為「客體表徵（object representation）」。

童年經驗會影響到如何對人的觀點。一個人最早建立的人際關係，就是與父母（主要養育者）之間的關係。

孩子透過與父母的關係形成如何看待他人的觀點，當孩子知道自己想要什麼時，隨時都能得到父母的幫助，就會擁有「人是可信賴的」之類的印象。相反的，如果父母展現陰晴不定的態度，或者冷漠地對孩子視而不見，孩子就會擁有「世界很可怕，大家都討厭我」之類的負面印象。

成長導向型的完美主義者以正面印象為基礎，做出了「他人以正面眼光看待自己」的樂觀假定，也因此，當他們需要中途融入陌生的團體時，也就不會感到退縮不前。

此外，他們也具有高自尊感，因此不必無條件地配合對方，也能贏得他人好感，建立起正面關係。

這類完美主義者的父母，
當年幼的孩子在學習走路時，肯定是不斷地給予鼓勵，
就算進步緩慢，也會耐心等待孩子自行站起來。
孩子成功時，父母會給予足夠的獎勵，
但即便失敗了，父母也不會斥責或漠視孩子。

根據社會心理學家傑夫．格林伯格（Jeff Greenberg）與同事發表的論文〈關於自己與社會行為的雙重動機之深層心理學〉中提到的焦慮管理理論（anxiety management theory），自尊感具有自我保護功能。[63]

人類擁有維持自我（自我維持動機），以及肯定自己的需求（自我提升動機），所以一旦從對方身上感受到與此需求背道而馳的威脅時（比如說告白之後慘遭打槍），自尊就會站出來防禦，避免當他人的態度或事件造成挫折時，嚴重損及自己的價值感。

就這觀點來看，我們可以說，成長導向型的完美主義者具有高自尊感，代表著他們具有守護自己的恢復彈力，避免心理上受到打擊。借力於這種高自尊感，無論身處任何情況，成長導向型的人都能保持樂觀開朗的態度。

出類拔萃的柔軟性

成長導向型的完美主義者追求精熟目標，擁有許多承受錯誤、在挑戰中成功的經驗，因此就算發生失誤或突發狀況，他們也不會澈底崩潰。就算在嘗試的過程中面臨嚴重的失敗，也深信能透過此時的錯誤成為更好的自己，加上他們重視的是過程，所以相較之下不會受到太大打擊。

基於相同的理由，他們也會果敢地放棄。他們不會對放棄或失敗賦予過多意義，又能維持高自我價值感，因此懂得以正面的觀點解讀所有狀況。一言以蔽之，與其為過去傾注的時間惋惜、自責，或者在失敗面前變得有氣無力，他們會努力成為更好的自己，同時也對自己具有強烈的信任與愛。

成長導向型的完美主義者會以柔軟身段接受失誤或損失。

那麼，這些人是如何看待人際關係呢？成長導向型認為，彼此不同的人在相處時發生衝突和誤解是很自然的現象。

他們認為，與別人發生意見衝突是隨時都可能發生的事情，所以就算某人做出了令自己失望的行為，也不會忿忿不平地心想：「你怎麼能這樣對我？」因此，可以說他們具備了衝突主義觀點。

基於這種理由，就算與人起了衝突，這些人也不會承受莫大的壓力，而是以期望與對方的關係能順利化解的念頭為基礎，嘗試和解或恢復心理平衡。

這時，他們與其他完美主義者類型不同之處，在於不會低聲下氣或假裝理解對方的所有立場，試圖解決問題。這些人會站在合理的線上，公正地確認對方與我的立場，承認彼此合不來的部分，同時想辦法維繫關係。這可以說是高自尊感的出色之處。

在講求集體主義的社會中，我可以這樣做

在人際關係上，成長導向型有時可能會被視為不怎麼細心的人。這些人本來就很樂觀，加上他們假定人與人之間本來就會發生衝突，所以並不會像追求認同型一樣在意每件事，小心翼翼地對待他人。

他們雖然能很快地掌握對方的優點或關係中樂觀的一面，但並不會聚焦在對方臉上短暫閃過的不悅表情等模糊的反應，很容易就讓事情過去，因此可能會被評為對他人的情緒漠不關心，或者以自我為中心。

在期望個體不要過於突出，而是能和諧融入群體的東方社會中，有時他們魯莽的性格可能會帶給別人壓力。

因此，成長導向型的完美主義者需要稍微刻意地表現細心。他們必須時時提醒自己，無論意見再怎麼一針見血，要是態度太過強烈，就可能變成是自命清高。此外，組織內可能會有人暗自嫉妒成長導向型取得的卓越成就，因此如果能改變自己的立場，兼具謙遜美德，就能成為就連人際關係都很圓融的完美類型。

還有，有時安全導向型完美主義者的防禦性悲觀論也會帶來好處。換句話說，培養出能調節輕重緩急、判斷狀況的能力，將會帶來錦上添花之效。只要區分需要達成卓越成就與未雨綢繆的時機點，懂得適時並有策略地運用樂觀主義和防禦性悲觀論，失敗的機率就會更低。

當自己隸屬的專案小組成員聚集在一起，為即將到來的簡報做準備，制定防止失誤的策略時，成長導向型完美主義者可能會感到無聊乏味。不過，如果這時能不直接表現出情緒，而是刻意地發揮細膩的心思，對組員想避開主管的指責或負評的心情給予共鳴，就能蛻變為能力出眾又善於諒解他人的優秀主管與領袖。

關鍵字

#高自尊感 #重視成長過程 #爆發力

#果敢地做出決定 #相信人與人相處難免會起衝突

---

63 Greenberg, J., Pyszczynski, T., & Solomon, S. (1995). Toward a dual-motive depth psychology of self and social behavior. In M. H. Kernis (Ed.), Efficacy, agency, and self-esteem (pp. 73-99). New York: Plenum Press.

第4章

蛻變成亮眼的完美主義者

——改變與成長的實踐指南

改變之前，至少要做這些準備

目前為止，我們說明了四種完美主義者（追求認同型、慣性拖延型、安全導向型、成長導向型）與他們的特徵。

你是屬於哪一種完美主義者呢？想必現在也應該掌握自己和身邊的人是屬於何種類型了。還有，大家也應該都知道，其實四種類型都各有優缺點。

沒有人是完美的。

舉例來說，成長導向型的完美主義者不會拖延工作，如果形成某個目標，他們就會全心全意地投入，也因此要比其他類型擁有更多的成功經驗。此外，凡事活力充沛，具有明確的目標意識，也是他們的優點。他們也對自己達成的成就感到自豪。

但是，有時只專注於自己的成就，就會無法理解與自己的反應不同的人，以致犯下失誤。

舉個例子，他們可能會輕易地對宣布要減重的室友說出傷人的話：「不是說要減重，你怎麼還買這麼多吃的？一箱地瓜、一箱番茄，而且冷凍庫還有一堆雞胸肉耶。減重不是很單純嗎？只要運動量比攝取量多不就好了？我實在是無法理解耶。」

一言以蔽之，他們常常會說出：「這個做不好嗎？為什麼會那樣？換作是我……」之類的話。

那麼，對方聽到這種帶刺的話之後，說不定也會為自己辯解：「我又不是你，你別管我，我就是要這樣過人生，你管好自己就好了。」成長導向型就像這樣，經常會無法理解自己做起來輕而易舉的事，對他人來說卻可能會有困難，所以有時會被批評說他們不懂別人的心情，只活在自己的世界裡。

另一方面，慣性拖延型的完美主義者會盡可能減少失誤，並考慮到別人會如何看待自己，因此具有慎重行事的優點。

有時，相較於事後再來後悔，三思而後行必然有其好處，只不過這就很難避免二者取其一的「取捨（trade-off）」狀況。從慎重考慮到付諸行動會耗費許多時間，而這也經常會帶來超過截止期限的副作用。

那麼，假如這四種完美主義者都想成為更出類拔萃的人，他們應該嘗試做出哪些改變呢？為了精益求精與正面變化兩者兼得，應該具體做出什麼樣的努力？這就是第四章的主題了。

改變的方向很單純，就是將優點極大化，將缺點極小化。

嘗試書寫「我的完美主義傳記」

碰到某種問題時，如果很難找到解決之道，往前追溯、仔細回顧會是很有效的方法。

截至目前，我們透過完美主義的各種學術或實質根據與數據，詳細地檢視了完美主義的意義及其正反面。同時也透過診斷完美傾向的問卷，檢視了完美主義的程度與四種類型。

因此，從現在開始，該設定改變方向的解決之道了。

踏上改變之路前，最好先給自己一點回顧過去人生的時間。這並不是要你先自我反省，而是如果想帶來更顯著的變化，仔細思考至今過了什麼樣的人生，對各方面都會有幫助。

試著按照時間順序，從自己能記得的幼年記憶到近期，記錄下對你的完美傾向造成影響的具體時刻吧（可參考第兩百二十一頁「我的完美主義傳記」範例）。在童年時期，很可能主要記得的是與父母相關的記憶。以水平線為基準，上方寫下引發正面情緒的記憶，下方則是寫下引發負面情緒的記憶。假如某事件帶來非常強烈的正面情緒，那就把位置擺高一點。同樣的，假如感覺到很嚴重的負面情緒，那就擺低一點。

把所有想到的記憶全部記下如何呢？並試著在「使我成為完美主義者的決定性因素」上頭畫個圈吧。想必它們都是令你印象非常深刻的記憶，像是想到時就忍不住露出微笑的幸福記憶，又或者光是想像就會全身發熱的不快記憶。從最早被圈起來的記憶開始，盡可能彷彿身歷其境般地回想，如果想起其他人對你說過什麼帶有條件性的話（if, then），就具體地將它寫下來。

傳記完成之後，從現在開始，就是發揮想像力的時候了。想一下，假如能夠回到過去那一刻，你會想對當時的自己說出什麼鼓勵的話。既然是鼓勵的話，因此主要是針對負面情緒所說。總而言之，這句話不能帶有條件，它必須是無條件地讓自己振作的話。

試著以具體的句子寫寫看，年紀由小到大，依序寫下想對當時的自己說的話。

試著寫「我的完美主義傳記」，是和過去的自己面對面，並有助於明確地掌握是什麼因素大幅強化了完美傾向。無論是一再聽到的稱讚或殘酷的批判，只要能領悟到它對自己的人生和心理傾向造成了什麼深刻的影響，就會明白自己最需要的改變方向是什麼。

「我的完美主義傳記」範例

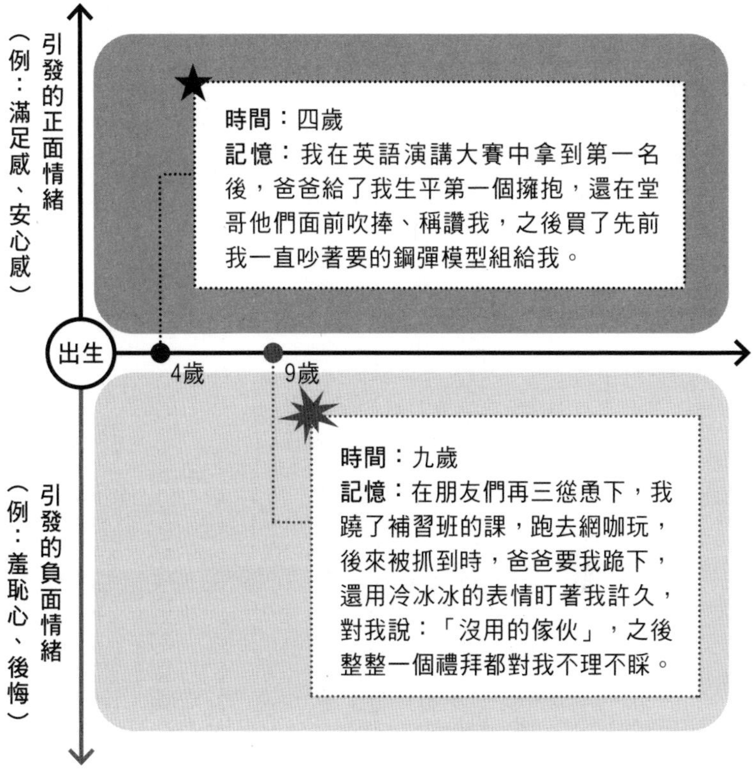

引發的正面情緒
（例：滿足感、安心感）
時間：四歲
記憶：我在英語演講大賽中拿到第一名後，爸爸給了我生平第一個擁抱，還在堂哥他們面前吹捧、稱讚我，之後買了先前我一直吵著要的鋼彈模型組給我。
出生
4歲
9歲
時間：九歲
記憶：在朋友們再三慫恿下，我蹺了補習班的課，跑去網咖玩，後來被抓到時，爸爸要我跪下，還用冷冰冰的表情盯著我許久，對我說：「沒用的傢伙」，之後整整一個禮拜都對我不理不睬。
引發的負面情緒
（例：羞恥心、後悔）

「拜託，小時候難免會蹺個一次課嘛！
對那年紀的孩子來說，玩耍有多重要啊！」

現在的我想對過去的我說的話

變化與自我宣言

在這裡，需要認真思考的一點，就是如何定義「變化（change）」。通常想到變化時，很容易會聯想到本質上完全改變的改革。簡單來說，許多人說起變化，會認為是把A狀態變為截然不同的B，也就是徹底取代（replacement），但要拋棄長久以來熟悉的樣貌，蛻變為全新的自己猶如伸手摘星般困難。對一般人而言，徹底告別過去的自己很難做到。那麼，應該如何定義變化呢？

在本書中，筆者群所提議的實質改變方向，並不是全然取代，而是保留既有的，同時再追加新的內容（addition）。

也就是說，並不是把A完全改變為B，而是維持A的同時，再追加新的選項A1、A2、A3等。記住，追加各種選項之後，你就會產生餘裕，以多元或循序漸進的方法促進改變。

變化不是以B徹底取代A，
而是追加新選項（A1、A2、A3……）。

開始進行這種變化旅程之前，先參考以下範例，寫下包含決心的「我的改變宣言」吧。按照以下做法，試著寫下「我的改變宣言」，等於是讓四種完美主義者再次確認改變的決心，同時也是在心中構想該朝哪個方向改變的絕佳機會。

「我的改變宣言」範例

破釜沉舟的時刻到了！

我不會再因為完美傾向，而遭受過度擔憂的毒害。我理解自己的完美傾向，單純來自於想有好的表現、想成為更出色的人的心情。我相信自己能夠妥善運用完美傾向這份禮物，也做好了勇於挑戰變化的準備，活出自由的人生。我在此時此地宣告挑戰全新的變化。

你可能覺得這個方法非常簡單又微不足道，但實際上要嘗試寫下來時，卻沒有想像中容易，原因就在於寫成文字比只用腦袋想更有分量感。盡可能誠實坦率地寫下，三不五時就拿出來閱讀並提醒自己，相信你必定能朝著想要的改變大步邁進。

現在就來具體檢視一下，為了帶來改變，各類型需要哪些合適的實踐方案吧。

追求認同型——優先重視自己的心情

光是想到能獲得某人的肯定，就讓你感到幸福洋溢。你向來都為了獲得重要的人（親朋好友、主管等）的認可與稱讚而持續努力，即便有時感到辛苦，但只要能讓他們開心就無所謂了，而你也為了不辜負他們的期待，不斷激勵自己。

從過去到現在，你聽到許多令人飄飄然的稱讚，像是「去觀摩時，就只有你聚精會神地在上課，其他同學都在分心做其他事。」、「你好乖。」、「你是我們家的驕傲，下次也一定要拿第一名，媽媽都靠你了。」、「不管其他人怎麼樣，但你不能讓我失望。」、「您怎麼說話能如此有條有理呢？」等，以及時而造成壓力的期待。

這類型完美主義者的問題在於，他人的認可與稱讚於他們而言是一把雙面刃。

一方面是每次被稱讚時，可以得到「我做得很好」的甜蜜回饋，但相反的，「做不好就無法滿足某人的期待」的恐懼也同時存在。剛開始你會因為得到稱讚而高興，並且發憤圖強，之後也獲得了更多認可與稱讚作為獎勵。

不過，或許這是一種稱讚效用極限法則吧，慢慢地，就算表現得不錯，你也會覺得越難聽到像以前一樣令人飄飄然的稱讚。當稱讚帶來的喜悅感在某一刻達到極限，「說不定會使別人失望」的不安感就會逐漸滋長。擔憂總會化為現實，當自己不小心犯了失誤，面對他人冷淡的表情，以及聽到「對你真的很失望」之類的話時，就會彷彿在嚴冬徒手砸破冰塊般，在內心留下冷冽銳利的傷口。

一旦感覺到彷彿被人揭穿自己並沒有那麼優秀的事實，你就會羞愧得無地自容，不安感也會充斥整個腦袋。簡言之，這透露出追求認同型完美主義者的喜悅背後，藏著「我的能力遲早會收到負面評價」的不安。

如果想要帶來正面的改變，就先冷靜地思考自己何以想從他人的口中獲得認可與稱讚吧。每個人都希望自己是個不錯的人，而從他人的回饋中尋求證據也是很自然的需求，因此不需太過擔憂。只不過，只透過他人的認可來確認自身的價值，可能代表你至今尚未找到「我是誰？」這個重要問題的答案。

創造自我價值感

尚未確立我是誰這個明確身分認同（identity）的人，會透過身邊重要他人的評價來判斷自己是不是不錯的人。他人的評價與回饋成了左右其自尊感的關鍵要素。然而，迫切地渴望某人的認可與稱讚，想讓身邊的人開心，或者不想讓他們失望而苦心經營，對於形成真正的價值感並無實質幫助。

舉例來說，停留在此階段時，他人的認可與稱讚是絕對必要的，這就彷彿冬天為了禦寒，所以需要穿上厚厚的外套。原因就在於，唯有透過他人對我發送的反應，才能確認我是什麼樣的人。

每個人都會碰到人生季節改變的時機。無論過冬必要的外套再怎麼時髦，到了炎夏還是得收進衣櫃。如果在夏天穿著厚外套，最後就會中暑。就像需要的物品會隨著季節改變，你也必須意識到，如今已來到脫離他人的稱讚和認可，必須自行創造價值感的季節了。

現在，已經換季了。

你曾經看過花式溜冰比賽嗎？它可分成由金妍兒選手稱霸世界的單人花式溜冰，以及男女一組進行長、短曲項目，再將兩者的分數合併計算、一分高下的雙人花式溜冰。

前半段舉辦的短曲項目，編舞時必須將規定的七、八種技巧涵蓋在內，同時必須在時間限制內表演完畢；後半部的長曲項目（又稱自選花式項目）則無任何限制，是以自由發揮舞步的形式來評分。換句話說，如果短曲是規定項目，長曲就是自選項目。

現在，前半部的規定項目已經結束了。透過父母與周圍的人的認可與稱讚使自己成長的時間已經過去，現在來到了自選項目的時間。如今該打造的是不需任何人的認可，而是由我來認可的自己了。

追求認同型的完美主義者需要的變化，與脫離周遭評價的過程有密切關係。這個新季節需要的關鍵字，是明白自己喜歡與擅長的事情，也就是對我有價值的事情。

尋找對你有價值的東西

為了尋找對自己有價值的東西，首先需要準備一本筆記本。翻開筆記本，認真地將以下兩個項目寫下來吧。第一個是喜歡做的事，第二是擅長的事（優點）以及希望能提升的部分（缺點）。

①試著具體整理出「我喜歡做的事」

整理喜歡做的事情時，務必記住以下三點：

第一，盡可能寫得具體一點。比方說，不要寫「我喜歡陽光普照的日子」這類籠統的句子，而是寫「我喜歡午後兩點左右，坐在漢江公園○○前面的涼床，懸掛在左側四十五度角的樹梢上閃閃發亮的陽光」。

還有，相較於簡單地寫下「我喜歡古典音樂」，你必須具體詳細地寫下「我喜歡聽米沙・麥斯基（Mischa Maisky）演奏的巴哈無伴奏大提琴組曲第一樂章（或演奏這首曲子）」。記住，內容越貼近個人、越具體，就越能深刻地投影出「自己真正的模樣」，而這能幫助你更加理解自己。

第二，寫的時候不必侷限於想到的順序。剛開始寫了喜歡的音樂，不代表後頭就需要繼續寫與音樂相關的內容。不必管領域或種類，想到什麼，就自由地寫下吧。

第三，把所喜歡的事情全部寫下之後，將類似或相關的內容結合，再替各類賦予名稱。比方說，按照「與休息空間相關」、「與他人進行能帶來情緒安定感的交流」加以分類。

接著，只要檢視各類名稱，就可以馬上掌握自己在人生中看得最重要及欣賞的價值。經常實踐加以整理好的項目，人生就會迎來更多幸福，因此可以將它視為邁向美好人生的執行清單。

結束分類與命名的作業之後，先考慮到時空的限制，以自己能在日常生活中最容易與經常實踐的類別為主，標上優先順序，接著盡可能努力實踐。之後，試著將過程中的感觸或新發現寫在筆記本上。參考第兩百三十一～兩百三十二頁的範例，書寫時會更順利。

「條列式」書寫範例

自由寫下自己喜歡的一切，再用不同符號加以分類命名，以下舉例：

符號意義

●個人喜好　■思考時間　○與他人產生共鳴的溝通與交流

★旅行　▲細細品味與工作相關的成就感

我喜歡做的事

1. 我很喜歡和高中同學們一起回味昔日舊照、嘻嘻哈哈的時光。○
2. 到國外旅行時，我喜歡不經意發現「當地人愛去的餐廳」，勝過著名觀光地點。★
3. 開會時，我喜歡在與同事四目相交時互相露出「真的很無聊，對吧？」的表情。○
4. 我很喜歡在意想不到的地方與相識多年的人偶遇的瞬間。○

5. 我喜歡午後在乙支路三街的「甜蜜萬寶龍」咖啡廳享用甜點、喝美式咖啡。●■

6. 我喜歡準時下班，在回家的公車上聽防彈少年團的歌。●▲

7. 雖然不到能在大家面前賣弄的水準，但我很喜歡隨著女團的新歌舞蹈起舞。●

8. 我喜歡在跟好友們的群組中分享可愛貓咪與浣熊的照片。○

9. 我喜歡瀏覽書店新出的時尚雜誌附贈的商品。●■

10. 我喜歡到北歐國家享受至少兩週以上的慢旅行。★

11. 我喜歡在旅遊地點和陌生人「閒聊（small talk）」。★

12. 我喜歡在寫完冗長工作的電子郵件後，按下「傳送鍵」的那一刻。▲

日常生活中可實踐或追求的優先順位

統整完標示符號的多寡後，同項符號越多，表示該符號代表的意義在你的人生順位排序越前面，以此範例為例，順位如下。

1. 與他人產生共鳴的溝通與交流／各人喜好　2. 旅行
3. 細細品味與工作相關的成就感

「自由型」書寫範例

自由寫下自己喜歡的一切，再用不同符號加以分類命名，以下舉例：

為我帶來幸福感的一切

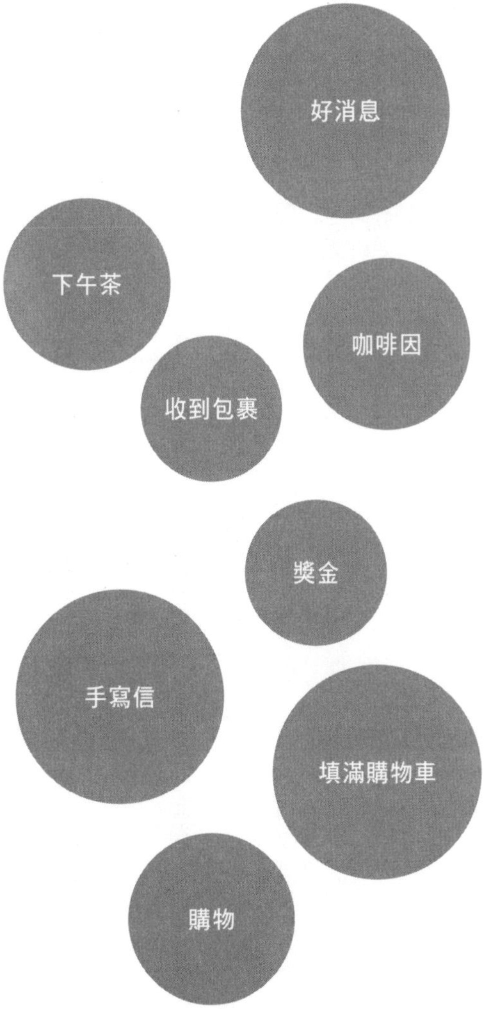

寫完後的感想（範例）：

寫完之後仔細檢視，我在從事喜好、與他人的溝通或交流、旅行三大類時快樂的感覺不相上下。由於在現實生活中，我最能感受到的是透過思考或個人喜好帶來的快樂（畢竟從事的是全職工作，所以除非是夏季休假，否則要到國外旅行並不容易！）所以每當壓力很大的時候，我需要刻意地去探訪有美味甜點的咖啡廳或開心地跳舞。

②寫下目前擅長的事，以及有進步空間的事

寫下目前擅長的事（優點）和尚有進步空間的事（缺點）時，最好能夠一目了然，如此才能輕易地掌握並比較我的模樣與優缺點。

現在，在筆記本上畫一條直線，左側寫下擅長的事，右側則寫下有進步空間的事吧。方法與前面寫下我喜歡做的事一樣，重點在於具體地寫下對自己來說有意義的內容。

進行這項作業時，最重要的在於寫優缺點時的比例要不同。通常大家都會很快地就想出一堆缺點，卻很難馬上想到優點。筆者群的建議是，寫下一個缺點時，就要寫下兩個以上的優點。

也就是說，優點與缺點的比例最少要是二比一。此外，寫下優缺點時，關鍵在於以「我所認定的自己是什麼樣子」為中心，而不是他人如何談論我，或者社會上期待我呈現出何種面貌。記住，這項作業的重點在於，必須以你自己的故事為中心，而不是其他人。

如同前面的實際練習，重要的是想到什麼就寫什麼。寫完優缺點之後，把類似的項目結合並加以命名，如果在過程中有什麼感觸或新發現，就試著寫下來吧。另外，希望你也能花時間思考一下，如何能把你所寫下的優點具體應用在做的事情上頭。

第兩百三十六～兩百三十七頁有上述內容相關的範例，供你做個參考。

目前擅長的事（範例）

1. 我被交付複雜的任務時，我能夠快速地掌握最應該優先處理的事情。
2. 就算睡過頭，我也能避免遲到，快速準備好出門。
3. 我和其他部門的員工發生意見衝突時，能夠不提高音量，冷靜地說明立場。
4. 就算是第一次走的路，我也能只靠手機地圖程式，快速地找到目的地，甚至在外國也是！
5. 路上若有陌生人搭話時，我能一眼就看出他是單純想問路，又或者是想宣傳異教或推廣某種事業。
6. 一旦愛上某種喜好（保齡球、編織），至少會為此投資三個月以上的個人時間。

擅長的能力歸納

1.、2. 掌握優先順位的能力、爆發力。
3.、5. 解讀他人需求與意圖的洞察力。
4. 善用周圍情報（例：地形）的能力、空間感覺。
6. 毅力

往後有進步空間的事

1. 我算是做事三分鐘熱度的類型，因此碰到必須持續一年以上的長期專案時，很容易就失去熱情。

2. 我對陌生人不會這樣，不過我對待要好的朋友時缺乏體諒的心（講好聽一點是很放鬆，講難聽一點是隨便）。

3. 當某人突然提出要求時，我會因為不好意思拒絕，所以先硬著頭皮答應，但等到真的要開始做事時，又會開始拖拖拉拉。

重點歸納

1. 當工作上獲得成就感的時間點延遲時，會缺乏毅力。

2. 、3. 擔憂與他人的關係之間會出現負面評價。

寫完後的感想（範例）：

在個人喜好上，我能發揮毅力，但工作上，如果無法像是達成銷售目標等在短期內獲得成就感，就很難維持毅力。還有，對待要好的朋友時，因為我認為就算有時稍微隨便一點，對方也會理解我，所以就不會花太多心思。相反的，與陌生人的關係中，因為害怕一次沒做好就得到負面評價，所以就算碰到不樂意去做的要求，也經常草率地答應。

善用優點的方案（範例）：

我具有在業務初期掌握優先順序的爆發力，以及盡可能善用既有情報的能力，因此進行長期專案的業務分工時，最好盡可能在前半段多做點，等到後半段毅力不足時，就可靠嗜好等方式補充能量，減少工作造成消耗殆盡的情況。而且，與他人溝通時，我具有快速掌握那人想要什麼反應的能力，若我能把這個能力用在關係不熟的人上，同時也妥善應用在親近的朋友上，雙方關係就會更加和諧。

如同此章的標題，追求認同型的完美主義者最需要的變化，即是重視自己的心情勝過他人。這是因為，當一個人專注於內在的聲音時，就能穩住自己的重心，準確地知道往後該朝哪個方向改變。這些話或許是老生常談，但要記住，以對自己的理解與堅定的信賴為基礎時，他人的信賴和認可也會更深刻、更持久。

慣性拖延型——培養務實的時間觀念

慣性拖延型的完美主義者經常會有拖延的傾向。如果跟他們聊天，時常會聽到他們形容自己是懶惰的人。慣性拖延型的人深知，如果現在不開始動手做事，之後自己就會後悔莫及，但最大的問題在於，他們依然遊手好閒、想東想西、虛度光陰，直到最後期限在不知不覺中逼近，他們才匆匆忙忙開始。最後，他們把自己搞得焦頭爛額，並陷入相同的懊悔之中。「唉，早知道就早點開始做了……」長期陷入這種惡性循環，就很可能陷入「我的意志太薄弱了，簡直無可救藥。」的羞愧感。

停止為自己貼上「我很懶惰」的負面標籤

為什麼會把「懶惰的人」的標籤貼在自己身上呢？讓我們思考一下吧。會不會是想藉由「我也知道我的問題是什麼」的想法來令自己安心，又或者是先發制人地說出我很懶惰，以事先避免萬一事情拖延，被他人說：「你真的很懶惰」時受到的衝擊？無論理由是什麼，持續在自己身上貼上負面標籤（自我指責），造成的結果就是：你將會繼續磨蹭，陷入極度憂鬱與深深的無力感之中。

雖然我們在第三章也說明過，但嚴格來說，慣性拖延型並不是懶惰的人。真正懶惰的人並不會被不安與焦躁所折磨。因為他們對自己慢條斯理的行為很心安理得，並不會覺得這有什麼問題。但你呢？想必在拖延事情的同時，內心也被無止境的不安與壓迫感所折磨吧。還有，當最後期限逼近，你就會手忙腳亂地投入工作。既然如此，單純用懶惰二字來形容自己是恰當的嗎？

與其說你是懶惰，反而應該說你是愛操心，擔心自己沒辦法做好事情（達到別人期待）的人。因為「只能分毫不差地做到完美」的想法過於強烈，導致你早早就陷入擔憂，不敢貿然開始。因此，如果慣性拖延型的完美主義者渴望正向的變化，現在就必須停止說「我是懶惰的人」等話語，而應該試著說：

「我不是懶惰的人，
而是很愛操心自己會做不好的人。」

接著，再進一步這樣說：

「我真的很想把事情做好。」

告別拖延症的三階段思考法

慣性拖延型完美主義者都有個共同點，就是接下任務時，腦中預估與實際完成任務所需的時間相去甚遠。換句話說，就是在預測執行任務的時間出現了很大的誤差。有兩類人會出現誤差狀況，一類是實際上需要花十小時的工作，卻輕易地以為只需要兩、三小時就能完成的人（這些人稱為不切實際的樂觀主義者），而另一類則剛好相反，是以為只要花十小時的工作，最少需要二十、三十小時的人。這些人通常會自己嚇自己，導致在壓力下不敢貿然跨出第一步。

期待正向變化，可按下列範例，分成三階段思考。

①三階段填寫範例

第一階段：準確地記錄完成某項任務的預估時間，以及實際完成所耗費的時間（如下表）。

第二階段：仔細思考誤差產生的原因，並寫在筆記本上。製作評估落差筆記之後，就能更精準地掌握誤差發生的原因，如第兩百四十四頁。

第一階段時間預估表

交付的任務	提前準備期中考，先熟讀《心理學概論上冊》教材一次，再整理出各章節的重點筆記。	
預期花費時間 三天	實際花費時間 七天	預期—實際誤差 四天

評估落差筆記（範例）：

心理學概論教材總共有兩百五十頁，但扣除彙整重點的最後一天，要在兩天內分別熟讀一百二十五頁，就現實來說是不可能的。我現在修了十八個學分，下午還要去咖啡廳打工，所以最多一天能熟讀的分量是一百頁以內。再說了，一天內要整理完所有重點也是不可能的。與其全擠在同一天整理，先熟讀每一章節，再整理出重點會更有效率。此外，如果要在當天讀完之後整理好重點，把目標設定在熟讀八十頁以內會更實際。

計劃排得太緊湊，精神上就會感到疲勞，以致中途停下來喘口氣時，就會分心做起其他事，也會影響到專注力的品質。設定一天熟讀七十到八十頁並彙整重點，同時將可能發生的意外行程考慮在內，再把五天內完成作業設為最終目標，總花費時間反而可能會縮短。

第三階段：有意識地減少誤差，同時試著比較執行其他任務時，預期時間與實際花費時間的差距。這時必須把透過評估誤差筆記得到的收穫記在心上，避免重蹈覆轍（如下表）。

丟掉「只要下定決心」的幻想

慣性拖延型的完美主義者經常會說：「雖然我現在沒在做事，但只要我下定決心（或只要我想做），馬上就能輕鬆搞定。」當然了，有自信是件好事，不過毫無根據的自信心是很危險的。究竟什麼時候才會產生毫不猶豫地即刻行動的想法呢？想必那一天絕不會輕易就到來吧。

第三階段時間預估表

交付的任務	準備期中考時，將《心理學概論》上冊教材熟讀一次，再依照各章節整理重點筆記。	
預期花費時間 七天	實際花費時間 九天	預期—實際誤差 兩天
感想：熟讀教材要比想像中更花時間。期中考時已經有過一次教訓，所以這次把一天讀七十到八十頁設為目標，並預留兩天左右的時間吧。		

只要仔細觀察，就能知道這些人在負責某種任務時，都會先產生壓力，所以會竭力減少自己的負擔。

他們通常會一邊看著電視，一邊說：「我看完這個節目之後就要來念書」、「煮泡麵來吃，轉換一下心情，我就要念書了」或「我先把書桌整理乾淨之後再念書」等各種條件式的句子自我暗示。

其他人可能很難理解，為什麼這類人要放著必須做的事不做，卻靠著做其他事來調整心態，但站在慣性拖延型的立場來看，他確實付出了一定的努力。因為他不斷安撫自己，也做了各種準備動作，就為了讓自己產生念書的心情，只是問題在於這些行為與念書本身並無直接關聯，是所謂的「混水摸魚」。

此外，做出這些行為後通常會略感疲倦，而「我睡一下，再早點起來念書好了」等想要拖延的其他念頭又會冒出來。不僅如此，這類人多半最後也無法早起念書，因為人的身體具有維持恆常性的驚人能力。這類人不做正事，只顧著混水摸魚，最後書也沒念，考試也搞砸了。

為什麼會這樣呢？儘管其中一個原因在於毫無根據的自信感，但仔細探究其根源，就可得知問題出在「只要我下定決心……」或「只要我想做……」的條件式句子（If, then）。條件式句子，指的是如果無法滿足整體條件，就永遠無法執行，因此如果慣性拖延型期待正向的變化，就必須拋下毫無根據的自信感，停下不必要的混水摸魚行為。

①修正拖延症的行動連結

現在該開始做出與正事有直接關聯的微行動了。舉例來說，停止觀看與念書無關的電視節目、煮泡麵吃、清理書桌等行為，開始做與念書直接相關的微行動（將要讀的書打開，至少大聲朗讀十五分鐘）。

剛開始你可能不太能理解這是什麼意思，但大聲朗讀十五分鐘左右，就會自然而然地與念書的行為產生連結。先從與正事有直接關聯，又不會刺激負擔感的微行動開始吧。

第兩百四十八、兩百四十九頁列出了教你如何停止混水摸魚，進入實質行動的實際練習範例。如同範例中的說明，找出混水摸魚的弱連結，依序做出改變，就能發現更講求效率、更能集中執行任務的自己。

「修正拖延症的行動列表」範例

在各種工作中，特別容易拖延的工作是什麼？混水摸魚時的典型行動又是什麼？觀察並記錄反覆出現的模式吧。

任務	整理我們小組在上半年的主要成果，用電子郵件傳給金部長。
自動出現的想法	「啊，好有壓力。」
我的混水摸魚行為	在書桌前發呆➡躺在沙發上➡看 YouTube➡逛 YouTube 推薦頻道➡睡午覺
後續影響	持續混水摸魚，讓做正事的時間白白流逝，導致心情越來越急躁，壓力也越來越大。
最終結果	最後沒有把成果內容整理完，在繳交截止日當天要求延長期限。

試著找出混水摸魚的行為中最弱的連結吧。
所謂的弱連結，必須是自己在不自覺地做其他事時，
能夠觀察並察覺到「我現在犯了拖延的毛病！」的明確單一行為。

如何進行行為替換

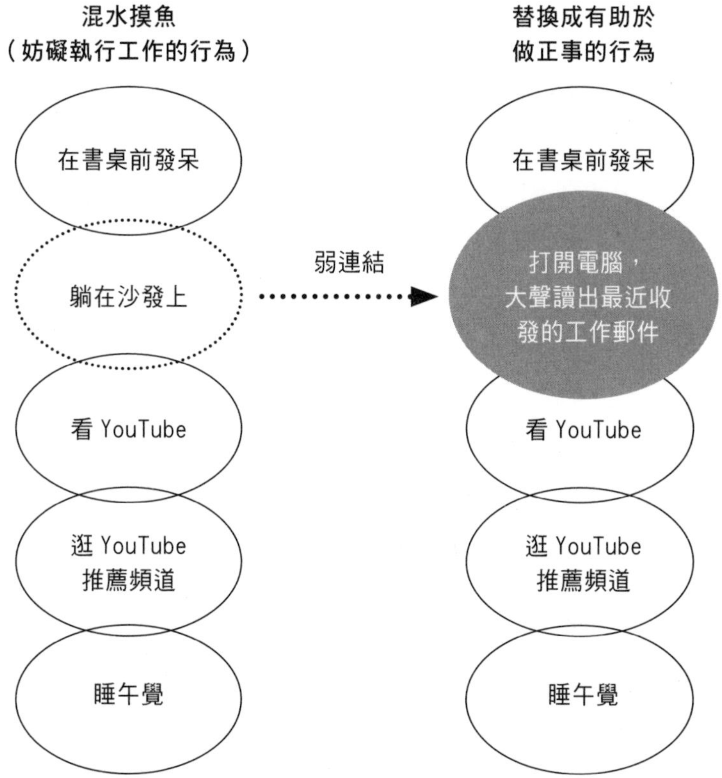

找出弱連結後，就必須替換成「有助於實際執行工作的行為」。有助益的行為：第一，與工作有直接關聯；第二，與混水摸魚毫不相關；第三，能夠輕鬆執行；第四，必須是明確的單一行為。

※只要切斷會連續誘發「其他混水摸魚的行為」的弱連結，就能適時察覺會妨礙執行工作的行為，並且改變混水摸魚的惡性循環。

②準備十五分鐘行動計劃表與提醒字條

假如你是慣性拖延型的完美主義者，那麼建議你在制定行動計劃時，最好以十五分鐘以下為基準。假如你以一小時為單位制定計劃，在實踐時就會產生莫大的負擔感，想逃避的念頭也會增強。從與終極目標有直接關聯的十五分鐘以下微行動開始，能使工作的執行達事半功倍之效。如果能按照計劃，成功地度過剛開始的十五分鐘，那麼更長的時間也能做得很好。

從現在開始，以十五分鐘為單位，把一小時劃分成四等分制定計劃吧，那麼你就會明白，六十分鐘，也就是一小時，是足以讓你進行四件事的長度。檢視第兩百五十一頁「十五分鐘計劃法」的填寫範例，實際操作一次吧！

還有，要執行某種任務（假設是寫報告）時，善用提醒字條（reminder）也會有很大的幫助。但是，只在書桌前的白板上貼一張便利貼絕對不夠。你很可能會忽視它的存在，而且貼了之後，就再也不去看它，因此無法帶來實際效用。

從現在開始，在你的動線與自己會停留的每個重要定點上貼上一張提醒字條，以喚醒自己對任務的記憶吧。舉例來說，在書桌前、冰箱正面、水瓶外頭各貼上「報告繳交期限是〇月〇日」的字條，在一天會進出好幾次的洗手間門上貼上「報告寫得怎麼樣了？」最後，在床邊貼上「說真的，你的報告進行得怎麼樣？」的字條。

想到居然要這麼大費周章地貼提醒字條，你是不是已經開始頭痛欲裂，而且覺得多少有些誇張？那麼，你要記住，唯有戰勝這種內心的抗拒，才有辦法改掉拖延的習慣。再次強調，如果你打算貼提醒字條，至少就得做到這種程度才會見效。

「十五分鐘計劃法」範例

整體任務	整理小組在上半年的主要成果，用電子郵件傳給金部長。
各階段任務	1. 彙整小組在上半年的成果內容。
一小時內的任務	1-1. 彙整小組在上半年的每月工作日誌。 1-2. 把與成果項目相關的內容列成條列式與分類。
每十五分鐘的整體任務	1-1. 彙整小組在上半年的每月工作日誌。 1-1-1. 打開電腦，連上公司的內部網路。 1-1-2. 下載每月分門別類的工作日誌。 1-1-3. 確認成果項目相關的內容。 1-1-4. 另外收集與成果項目相關的內容。

拖延的毛病根深蒂固，難以根除，但只要具備強烈的意志，有意識地努力改變就能克服。記住這點，累積越多戰勝拖延的微小成功經驗，慣性拖延型就能擺脫過度的負擔感、遵守期限，迎來變化。

安全導向型——性格慎重且身段柔軟

「防彈背心，安全導向型完美主義者」具有追求安全與慎重的特徵。這些人在評價自己是否具有價值時，看重個人的想法更勝於他人評價。按照這些人的一貫主張，把事情做到十全十美是理所當然的，但相較於傑出成就，這類完美主義者把全副心思都集中在預防失誤，因此經常會與找上門來的大好機會擦身而過，造成雖已蓄勢待發，卻沒有抓住機會的扼腕情況。

此外，這些人並不擔心被他人發現自己的失誤而丟臉，因為他們本來就難以容忍自身的失誤。因此，雖然安全導向型的完美主義者並不怎麼在意他人的眼光，卻會為了避免在重視的領域中失誤，因此抱持謹慎小心的態度。

即便身處不可預測的情況，仍要找到自己的路

安全導向型具有穩健的自我中心，性格慎重，因此不會犯下不必要的失誤，或做出令自己後悔的事，而且不會留下任何汙點，是非常穩重可靠的類型。但過度重視安全，對自己不熟悉的事就不會積極參與或挑戰，導致錯失許多良機，算是很可惜的部分。

這類完美主義者具有不安水準低，冷靜處理事情的優點，但越是謹慎小心，碰到突發狀況或發生突如其來的社會變化（新冠肺炎疫情、求職混亂期等）時，就無法迅速應對，或者當機會突然到來時，缺乏能夠順勢發揮的爆發力。

因此，既能維持慎重的優點，又具備能回應急遽變化的爆發力與掌握意外機會的柔軟性，有助於安全導向型追求正向變化。

而針對這個層面的補強，我們可以看一下職涯心理學家約翰·克朗伯茲（John Krumboltz）提出的「善用機緣論（planned happenstance）」，它指的是主動把意料之外的偶發事件轉換成計劃已久的機會。蓄勢待發、具有挑戰精神，同時又

帶有彈性思考的人，碰到突如其來的危機或突發狀況時，能夠順水推舟，打造對自己有利的機會。

這是難以在安全導向型的完美主義者身上找到的特質，尤其是為了能在急遽改變的職涯環境中，諸如終生職場的概念消失，就算憑藉亮眼資歷也難以找到正職工作的情況下也能收放自如，學習機緣論強調的五大應用（因應）技巧，就能在碰到意想不到的新局面時加以運用。

◊ 好奇心：探索新的學習機會。
◊ 耐心：即便身處意想不到的挫折中仍努力不輟。
◊ 柔軟性：不執著於既定的目標計劃，懂得隨時變通。
◊ 樂觀性：把全新事件視為機會的積極觀點。
◊ 承受危險：不畏懼不確定的結果，實踐行動。

對於安全導向型的完美主義者，建議如下。第一是透過回顧掌握問題點。首先將過去沒掌握的機會整理成一段文字，接著再整理出未掌握機會的理由。

第二，是練習在自己寧願維持現狀，也不選擇變化的預防焦點語言（擔心的理由）上，加上挽救新機會的促進焦點語言（期待的理由）。透過此過程，就能明確掌握自己最擔心的是什麼，還有對於哪方面的全新變化感到遲疑。以及，藉此也能領悟到自己執著於預防焦點語言的程度，而如果能多善用促進焦點語言，就能帶來正向變化。先想想看吧，明明機會已來到面前，自己卻一味追求安全導向，以致錯失良機的情況是什麼，接著參考左方範例，仔細整理。

回顧「錯失機會」的書寫範例

或許減少危險要素、重視維持現狀的態度，導致你難以抓住假裝成偶然上門的特別機會。回顧過往時光，回想一個你事後扼腕不已的機會，並盡可能詳細地寫下來吧。

我錯過的機會（事情經過）：

兩年前我還是新人的時候，C代理是我的直屬上司。C代理和我私底下很合得來，工作上也是很值得我學習的良師。當時C代理和我都隸屬企劃三組，但大約半年後，C代理的工作能力獲得肯定，被拔擢為菁英小組，也就是企劃一組主導的專案成員。如果專案取得圓滿的成果，C代理就會加入企劃一組。平時C代理就很器重我的企劃能力與勤奮老實，於是邀我一起參與專案，之後再跳槽到企劃一組。考慮到長期的職涯發展，C代理的提議對我來說極具吸引力。新人進公司都還不到一年，就獲得了跳槽到菁英小組的機會，這等於是獲得了迅速升遷的機會，但另一方面我又不免憂心忡忡。C代理邀請我加入的專案必須承擔不小的風險，也難以確保事情能大獲成功。最糟的情況，莫過於專案搞得一塌糊塗。如果我把原本負責的工作晾在一旁，全副心力都放在別組的專案，最後卻無法拿出令人滿意的成果，別說是要跳槽到企劃一組，光是要收拾殘局就來不及了。

我苦惱再三，直到專案開始的前一週，我告訴C代理，相較於加入新專案，我更希望多學習基本業務。之後，那個專案畫下完美的句點，而C代理也順利跳槽到企劃一組。至於進公司兩年的我，到現在仍停留在企劃三組。假如當時我抓住了這個從天而降的機會，加入專案，現在會怎麼樣呢？

安全導向型的完美主義者多半是值得信賴、有能力的人，儘管美中不足的是，偶爾他們會顯現出過度遵守原則的安全主義，但大致上仍頗受親朋好友的好評。

安全導向型不善於接受變化，但這並不代表他們希望一成不變。無論是職涯領域（換工作或轉換跑道），或者是日常生活領域（說走就走的旅行等），追求全新變化的需求分明都是存在的。

只不過他們習慣三思而後行，因此會顧慮太多，又怕尋求改變的同時，會使目前的情況有所動搖，因此就算察覺到自己的需求，也不敢輕易選擇改變。還有一項令人惋惜的地方是，即便是在需要成長的時間點上，他們也會基於維持現狀與預防失誤的慣性，而難以接受挑戰。

過去即便有個具有十足吸引力的機會上門，但身為安全導向型的你卻依然沒有把握、任其流逝，必然有你的原因。當時是根據何種預防焦點語言（具體想法），最後導出安全第一的結論呢？依照想到的順序全部寫下來吧。

預防焦點的語言中很可能包含了擔憂與不安，以及害怕接受挑戰後可能會失去什麼。這些擔憂在當時都很合情合理，但如今回首，你就會明白它們阻斷了機會所帶來的新氣象。

「沒有把握機會的原因」的書寫範例

苦惱再三（範例）

・要是被專案迷惑而加入，之後也可能沒幫上忙，這樣風險不是太大了嗎？認真做好原來的工作比較好。

・要是專案不如想像中順利，沒辦法獲得跳槽到企劃一組的機會，說不定反而壓力會更大？不要冒險挑戰比較好。

・再說了，這個專案的風險本來就很大，要是加入了，到頭來會不會變成是在痴人說夢、異想天開？還是別貿然期待專案會成功好了。

・我是進公司還不到一年的超級菜鳥，與其加入專案去學新的知識，還是按照原則，集中在新人應該做的工作上頭更好吧？我就按照計劃留在企劃三組吧。

∴基於這些想法，最後我沒有選擇加入新專案，而是決定留在企劃三組。

加入專注正向思考的語言

安全導向型的完美主義者會努力避免留下可能造成把柄或危機的要素，所以他們堅韌不拔、滴水不漏，並善用步步為營的優點，接連取得成功，但在追求卓越與實現高遠抱負的層面，必然有過扼腕不已的經驗。

讓彩色衣服更鮮豔，讓白色衣服更潔白！

舉例來說，假設洗衣服的原則是「讓彩色衣服更鮮豔，讓白色衣服更潔白」好了，那麼成長導向型的完美主義者是追求更明亮鮮豔的結果，同時目光朝著上方，而安全導向型的完美主義者就是追求去汙除漬、一塵不染，同時目光朝著下方。安全導向型的白衣已經潔白到刺眼的程度了，既然漂白步驟已做足，現在就試著讓彩色的衣服擁有鮮豔的色彩吧，如此你就能邁向改變之路。

正向心理學與研究幸福的學者表示，使彩色的衣服更加鮮豔（促進焦點）與幸福相關。因為著眼於預防久了，難免會把焦點放在負面的事物上。舉例來說，思考某種商品為什麼賣不動時，就會忽略顧客滿意的部分。意即，你會不自覺地刻意放大缺點，認為商品毫無長處。

但是，即便無法滿足所有人，你仍有許多擅長之處與優點。如果能找出自己擅長、能作為成功之鑰的優點，使其發揚光大，自信心也會大為提升。好比說，想要獲得幸福，光靠防止失誤或汙點並不夠，還需要能產生期待與興奮感的全新挑戰，以及達成抱負時的狂喜。因此，安全導向型完美主義者想活出更幸福的人生，就有必要在平時使用的「內在語言（self-talk）模式」（預防焦點語言）加上擴充包（促進焦點語言）。

所謂的促進焦點語言，是指要比現在更好、提升實力等集中於精益求精並表現出期待感。

相較於「如果犯錯，那該怎麼辦？」、「要有不錯的結果才行等避免失敗」的預防焦點語言，這種語言充滿自信，同時又與產生興趣、好奇心連結，因此就算碰上難關，也能扮演激勵的角色，避免產生挫敗感。

當然，這並不是建議在任何情況下都強制套用促進焦點，也不是說，本來你的傾向是屬於預防焦點，卻要突然透過促進焦點蛻變重生。只不過當有時判斷使用促進焦點會更好時，依然需要有意識地練習使用。尤其若想跨越現狀，追求卓越，建議你可以試著善用促進焦點語言。

來按照下列方式練習一下吧。把向來習慣使用的預防焦點語言寫在上頭，下方則寫下如何回應的促進焦點語言。剛開始可能會感到陌生或有些許彆扭，但至少在這一刻，試著描繪「抓住機會後能獲得的某種閃亮亮的東西」，並採取樂觀的態度如何呢？

接著，若是想要（根據時機與需要）選擇促進焦點的觀點，就試著把自己需要哪些東西具體寫下來吧。不要使用勇氣等模糊的說法，而是寫出能透過什麼獲得這份勇氣、具體的工具（例：資金）或活動（例：善用人脈資源）為佳。把鼓起勇氣需要的一切依序寫下，再將目前已具備，或只要下定決心就能立刻辦到的事項圈起來。第兩百六十三到兩百六十四頁已經列出了範例，可供你做參考。

此外，觀察英國肯特大學心理系教授約阿希姆・史杜柏與同事的研究，偏向促進焦點傾向的人使任務成功的機率也偏高。[64]史杜伯教授小組以一百二十二名體能不相上下的德國大學生為對象，訓練他們學習以單腳跳躍，再將球丟進籃球框的新技巧，並對此進行了四次考核。

透過結果，確認了促進焦點傾向越高的人，投籃成功的可能性也越高。相反的，預防焦點傾向越高，投進的可能性也就越低。

這項研究結果顯示，相較於避免失敗的態度，追求卓越的態度能提升自信感，對於達成目標也更加有利。

換句話說，越頻繁使用促進焦點語言，越能提高成功挑戰任務的自信感，相較於著眼於失敗的可能性時，也更有利於達成目標。

現在，跨越安全的層次，果敢地開始進行挑戰吧。與其在具有吸引力與前景的機會前擔心失敗、游移不定，果敢地接受挑戰時，安全導向型完美主義者將更有機會飛黃騰達、扶搖直上。

「促進焦點語言擴充包」的書寫範例

過去的你沒有抓住機會是有原因的，但如今成熟的你可以做出其他選擇。究竟使用哪些促進焦點語言，才能根據目的，適當地善用機緣呢？

把預防焦點語言轉換為促進焦點語言

・要是被專案迷惑而加入，之後也可能沒幫上忙，這樣風險不是太大了嗎？認真做好原來的工作比較好。

↓每件事都有風險！就算我沒辦法給予很大的貢獻，但光是能成為專案的一員，就能獲得許多與企劃工作相關的專業知識。

・要是專案不如想像中順利，沒辦法獲得跳槽到企劃一組的機會，說不定反而壓力會更大？不要冒險挑戰比較好。

↓專案進行得不順利，當然可能會有壓力，但和C代理共事這麼久，他的判斷力有多出色，我不是最了解的嗎？只要是他參與的專案，肯定能按照計劃成功！

・再說了，這個專案的風險本來就很大，要是加入了，到頭來會不會變成是在痴人說夢、異想天開？還是別貿然期待專案會成功好了。

↓眾所周知，唯有承受某種程度的風險，才能獲得豐碩的果實。雖然有點擔心專案失敗會令自己失望，但若回應此時找上門來的邀請，成功就可能化為現實！

・我是進公司還不到一年的超級菜鳥，與其加入專案去學新知識，按照原則，集中在新人應該做的工作上頭更好吧？我就按照計劃留在企劃三組吧。

↓我可以按照原則學習基本業務，但如果抓住這個機會，加入專案，就能夠學習更高階的業務，那麼，進行這個專案的過程，將會成為培養能力的充實時光！

「了解自我優勢」散文型範例

為了鼓起勇氣，我需要的是：

1. 答覆之前，先充分理解專案的性質，聽C代理說明自己加入後要負責的工作。
2. 為了因應加入專案後必須全心投入新任務，因此從現實層面去掌握，到專案開始之前，目前的工作可以進行到什麼程度。
3. 尋找新人時期曾參與過大型專案的同行前輩，進一步了解他們的經歷。

4.充分地了解自己加入後要負責的工作。

5.尋找同行前輩，進一步了解這段經歷。

6.從現實層面去掌握，到專案開始之前，目前的工作可以進行到什麼程度。

64《朝鮮日報》（2010.01.10），「聽李東龜說心理學」。
http://newsteacher.chosun.com/site/data/html_dir/2020/01/09/2020010900085.html

成長導向型——建立與他人的交集

在四種完美主義者中，「鋼鐵意志，成長導向型」是最有機會成功的類型。評價自身價值時，比起在意他人的眼光，他們更尊重自己的標準與判斷；推動某件事時，相較於迴避失敗，他們也更集中於追求進步與成長，因此具有善用高度自信與能量的顯著優點。

但是，專注於自己的目標久了，有時就不會對他人的心情或與眾人的關係上頭花太多心思。這一定是缺點，但根據情況確實也可能成為致命傷。在多數情況下，成長導向型最重視的是自己的標準，因此可能會和他人起衝突。儘管成長導向型認為在人際關係中衝突難以避免，但畢竟可能會在某一刻被孤立也說不定，因此在需要同心協力時，也有必要留心經營關係。

體會過往的成功經驗

想要脫胎換骨，成長導向型的完美主義者需要試著把「讓彩色衣服更鮮豔」的標語套用在日常生活中。這是什麼意思呢？就是要好好體會過去達成的成就，確實掌握帶領自己走向成功的優點。你接受了什麼樣的挑戰，成功的祕訣又是什麼？仔細思考過往的成功經驗，就能掌握應該保持的優點是什麼，往後能善用優點達成什麼，及未來想成為什麼樣的人。透過這個過程，就能使正向經驗擴大再生，更積極地使優點發揚光大。參考左方的範例，試著實際練習一下吧。

「回顧過往卓越成功經驗」的書寫範例

把近期取得的成果中，主觀認為最有成就感的事情具體寫下來吧。

我的成功經驗重點部分（事情經過）：

不久前流感肆虐，孩子就讀的幼兒園突然決定要長期休園，包括我在內的職業媽媽們，都為了不知道白天要把孩子託付給誰而憂心忡忡。幼兒園的孩子們需要有人專心照顧，我們也完全不敢把孩子託付給陌生人。

聽到休園的決定後，我快速地料想到大家會陷入長期混亂，於是動用幼兒園的家長聯絡網，迅速地與同班級的母親們取得聯繫，並且開始調查休園期間需要工作的媽媽們可申請的是半天或全天假，以及全職媽媽可負責的總托嬰時間有多長，結果竟然有多達二十人的行程要協調。儘管任務非常棘手，但我善用Excel表格完成了完美的時間表，也取得了媽媽們的同意，走訪各個家庭，推動支援共同托嬰的日托方案。

因為擔心管理疏忽造成孩子得到流感，打亂所有節奏，因此我收取會費後，仔細備齊體溫計、乾洗手、口罩等，供應給各個家庭。同時也仔細地確認每個家庭托嬰空間沒有危險的角落或地滑之處，確保孩子不會在玩耍時受傷。

我迅速地計劃出對應方式，才能順利啟動日托服務，而在不知不覺中，日托服務也運作了一週。在整個系統漸趨穩定的此刻，每天我都會收到好幾封由同班的媽媽們傳來的致謝訊息。日托服務的成功，讓我在工作上無後顧之憂，開心之餘，也很有成就感。

「了解自我性格優點」的書寫範例

試著整理這類成功經驗有哪些與完美傾向有關，以及如何顯現性格上的優勢。

- 爆發力
- 細心
- 溝通與領導力

・迅速地預想到休園決定可能引起長時間的混亂。
・善用 Excel 表格，完成無懈可擊的時間表，並供應需要用上的物資，事前檢查危險要素（凸出的邊角、地滑等）。
・協調二十人的行程，取得同班媽媽們的同意，推動日托服務。

需要迅速解決問題、讓所有人達到穩定狀態時，爆發力、細心、溝通與領導力即是很顯而易見的優點。除非是具有高度自信感與爆發力的人，否則在大家如無頭蒼蠅般驚慌失措時，要能有條有理地運用策略、仔細地解決問題並不容易。這些優點成了成長導向型完美主義者在社會上受到矚目、出人頭地的基礎。除此之外，從善用完美傾向取得成功經驗的人身上，還可看出對自我成長（學習）的高度好奇心、對自己的能力與資源心存感謝、在困難中仍不退縮的勇氣、一旦開始，就非得做到結束不可的毅力、活力充沛、不會輕舉妄動的慎重等優點。

成長導向型的完美主義者會遇到的障礙

但是，世上並不存在毫無缺陷的完美之人，因此成長導向型的完美主義者有時也會經歷以下障礙。

第一，萬一自己非常看重的某個任務失敗時，可能會造成很大的衝擊。因此，任務越重要，就越有必要適時調整心態，避免期待水準過高。第二，成長導向型重視自己設定的基準、效率與實質成果，基於這種特性，在必須與其他風格的同事同心協力的過程中，可能會遭遇困難。就算成長導向型要比其他人具備更多知識與能力，在需要同心協力的情況下，唯有將所有人的優點極大化，才能創造最佳結果。只靠單槍匹馬站在執行任務的最前方，是無法帶來成效的。此外，如果同事給予的理解或感謝不及自己的主動付出，成長導向型就會覺得備受委屈。

成長導向型容易忽視的點

- 在自己視為非常重要的任務失敗時大感失望。

・有時過度追求效率，以致思考偏向以成果或自我為中心（時而自私）。例：當各階段要求形式上的程序時，可能會導致疲勞感或心生急躁。

・太過重視成果，以致有時會使用直言不諱的語言，和同事之間鬧不合。

・凡事要求親力親為，可能會對他人造成壓迫感。

・若非與成果相關，算是對周圍的人的關心幅度偏狹窄的類型。

學習與他人共存的方法

想減少成長導向型完美主義者的缺點，關鍵就在於團體任務中是否能與其他成員溝通無礙，取得綜效。就算強烈地確信自己的想法與判斷是正確的，但更重要的仍是在團體任務中取得所有成員的共識。此外，當彼此的想法針鋒相對時，若是溝通與協商的能力不足，彼此就會猶如平行線般各說各話，不僅傷了和氣，也缺乏效率。若是想發揮成長導向型的優點，並經營更圓融的人際關係，就要記住以下訣竅。

成長導向型的人際溝通訣竅

・充分傾聽他人說話，尤其是將焦點放在他人言談之中的情緒。對方說出那句話的心情如何？那個人的言下之意是什麼？為此，平時就要熟悉大家使用的各種情緒形容詞。

・碰到與自己風格不同的人時，先不要急著做出判斷或決定。不太能理解對方的行動時，要抱持「那人可能碰到了我所不知道的困難」的寬容態度。

・內心感到不舒服時，使用「我訊息」，也就是以「我」為主詞開頭的對話法（例：我覺得很～，所以現在很失望）會比較安全。當人在氣頭上時，如果使用「你訊息」（例：你就只能這樣嗎？）可能會招來不必要的衝突。

若想精益求精，成長導向型就不該只依照自身的標準去評價他人的方式。就算強烈認為採用自己的標準會更有效率，但仍要顧及他人的立場，有意識地付出努力。若是能夠具備圓融的合作能力，就能成為坐擁卓越成就的最佳完美主義者。參考左方的書寫範例，開始練習理解他人的立場吧。

「理解他人立場」的書寫範例

配合以下形式，描述最近與周圍的人（家人、同事）發生摩擦的經驗。

人際關係摩擦狀況：在我主導的日托服務中，我和一位完全沒擔任日托志工卻坐享其成的家長有了摩擦。對方說孩子回家後臉上有了傷痕，深夜打電話質問我是不是托嬰空間上有管理疏失，因此我也動了怒氣，跟對方吵了起來。

我的心情（情緒）：那位家長迴避日托志工的責任，自私自利，所以我氣炸了，也覺得對方很惹人厭。

我如何解讀對方的反應：深夜還打電話對我大小聲，等於就是來吵架的，這無疑是在挑戰我擔任日托服務總管的權威！

我的語言與非語言式的行動：我中途打斷正在大肆抱怨的家長，並且同樣拉高音量，像要跟對方吵架似的回擊。我很不客氣地逐條指責對方說，深夜打電話來很沒禮貌，也說她是寡廉鮮恥、坐享其成。

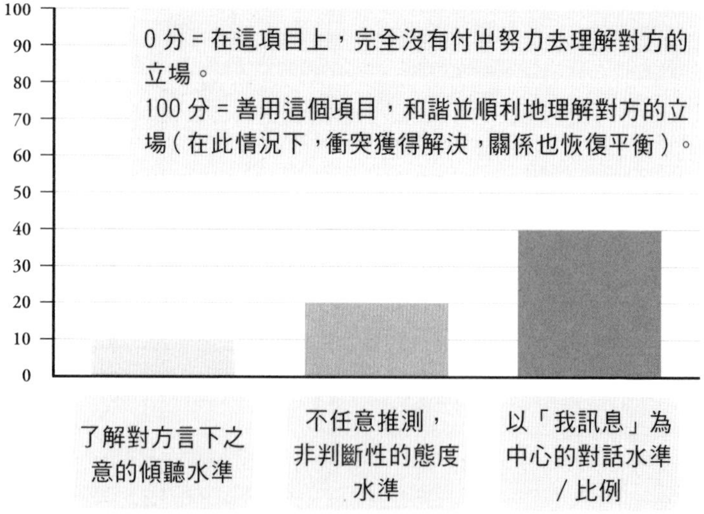
100
90
80
70
60
50
40
30
20
10
0
0 分 = 在這項目上，完全沒有付出努力去理解對方的立場。
100 分 = 善用這個項目，和諧並順利地理解對方的立場（在此情況下，衝突獲得解決，關係也恢復平衡）。
了解對方言下之意的傾聽水準
不任意推測，非判斷性的態度水準
以「我訊息」為中心的對話水準／比例

寫完後的感想（範例）：

「中途打斷對方說話」，只顧著表達自己不快的心情，是一種拋棄傾聽態度、缺乏體諒之心的行為。我在想，與其解讀對方是來吵架、跟她槓上，如果能先慰問孩子的傷勢，給予共鳴，想必那位家長也不會對我大小聲，雙方就能更加友好地對話。下次如果再碰到那位家長，就算多少有些難為情，我也要從同是父母的共同立場上傳遞共鳴，更有耐心地傾聽對方的立場，再尋求解決之道。

按第兩百七十六頁範例，以最近遇到的人際關係摩擦為基礎，再按第兩百八十頁範例，在三種理解他人的立場項目上，針對自己的態度與行動仔細評價。

形成關係需要的三種態度

想和他人和諧共處、減少摩擦，最重要的莫過於對話。關於自己的目標、人生方式等領域，若是成長導向型的完美主義者想與他人溝通無礙，就需要三種對話原則。對話規則的單位小至家庭，大至整個公司，在需要與他人溝通的各種時刻都能派上用場。

（1）傾聽他人（子女、配偶、同事）的經驗與意見。
（2）對他人保持友好、正向的態度。
（3）給予他人真誠坦率的反應。

以上三種原則，實際上是心理諮商師為了與個案建立與維持高度信賴、相互尊重的關係時所使用的方法。採用這些原則時，不僅能帶來立竿見影之效，也富有意義。舉例來說，就算是聆聽他人的意見，但若採取譏諷的態度，這樣的傾聽就毫無意義。你必須維持友好，傾聽那人的意見，並且要具備坦率的勇氣，在對話過程中把內在產生的情緒、好奇等自然反應表現出來。

在這份坦率中，也包含了表達內在的負面情緒，像是「您剛才講話這麼尖銳，讓我一時不知道該怎麼辦才好呢。」等。當然了，坦率的程度必須根據時間和情況調整，但以友好態度為基礎傳達情緒，將能使你與他人對話時更平易近人、更具人情味。

從現在開始，試著在你選定的人際關係摩擦案例中應用三種「形成關係需要的態度」吧。

特別是在摩擦加深、傷及和氣的情況下結束對話時，思考一下，在傾聽對方的經驗與意見、展現友好且正面的態度、坦率這三項之中，你沒有做好哪個部分。另外也具體地思考一下，套用這三種態度後，可能會帶來哪些全新變化。

「增進理解他人觀點」的書寫範例

以選擇的人際關係摩擦案例為基礎，根據以下三種「形成關係需要的態度」項目，評價自己的反應所透露的態度。

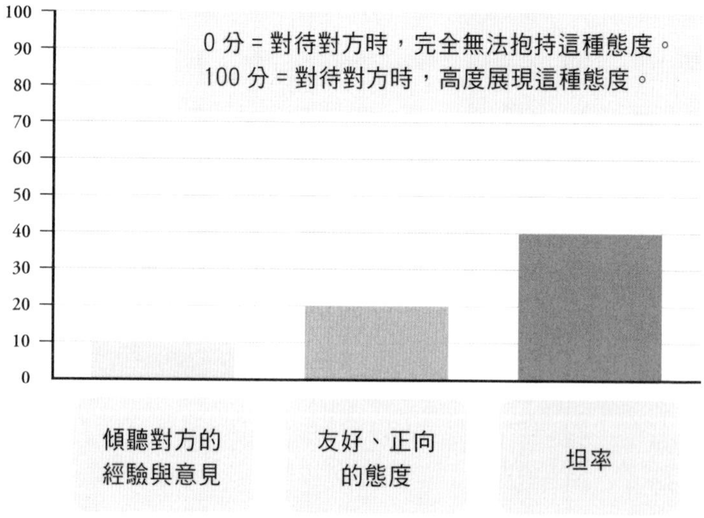

寫完後的感想（範例）：

我本來以為，自己在勃然大怒時，非常坦誠且毫無保留地表達了情緒，可是實際回想才發現，我的態度並沒有完全坦誠。我不禁想，假如我在深夜接到抱怨的電話之後，能先真誠地表達自己的驚慌失措，傾聽對方的立場，也許對話就能更加順暢。

我沒有表達自己的惆悵與驚慌失措，而是以摻雜憤怒的嘲諷語氣阻斷與對方的溝通，所以後續對話時才會難以維持友善的態度。

儘管我沒必要配合對方的事由而

隱藏自己的情緒，但我需要反省自己，是否為了在對話中獲勝，因此以憤怒宣洩難過或尷尬，輕率地發了脾氣。

只要提高對周圍的人的理解和關心，成長導向型完美主義者就能成為幸福的完美主義者榜樣。具有穩固的自我中心，雖是取得卓越成就的傑出資質，但假如與他人的溝通與共鳴持續處於真空狀態，就可能會讓人覺得你是獨善其身或獨行俠。畢竟就算再怎麼厲害，也無法澈底脫離共同體。只要稍微關心他人的意見與觀點，付出努力尋找交集，就能累積比現在更多的成功經驗，蛻變為與他人關係和諧、卓越出色的完美主義者。

結語

讓完美主義成為一種天賦

哲學家康德以過精準規律的人生聞名，甚至有人以看到他散步的時刻來調整鐘錶。康德是澈底恪守工作與計劃的完美主義者，甚至韓國某電視節目就曾以「康德為何結不了婚？」為主題製作內容，並在播出後蔚為話題。

年輕時的康德是個萬人迷，尤其有位女人積極求愛，做出了打破當時常規的舉動，先向康德求婚。面對如此積極的女人，康德也不禁心生動搖，決定認真地考慮結婚這件事。

最後，康德找出了三百五十四種要結婚的理由，以及三百五十種不該結婚的理由，在評估利大於弊之後，康德於是下定決心要走入婚姻。

但是就在康德去找這名女性，並表達自己結婚的意願時，卻被對方澈底地拒絕了，因為他竟花了七年的漫長時間考慮結婚，而當初求婚的女性早就已經另嫁他人，甚至生下兩個孩子了。

最後，深受追求完美的性格影響，無論任何事都要徹頭徹尾地進行查證，才有辦法做出決定的康德，就這麼獨自度過了一生。

但是，任何人都不會說康德的人生是失敗的。他帶領啟蒙運動走向巔峰，確立了德國觀念論的基礎，而康德與其哲學觀點，至今仍被無數學者視為重要的研究主題，並進行新的闡釋。

順道一提，從康德達成驚人的成果，以及專注自己的決定更勝他人來看，他可能是屬於鋼鐵意志，成長導向型的完美主義者。之所以在結語提及康德的故事，是因為認為他的案例能輕易地比較出完美傾向魚與熊掌無法兼得的正反面。

雖然這樣的想像很無厘頭，但假如康德因為結不了婚而飽受衝擊，拋棄了自己長年來澈底查證的習慣，那會發生什麼事呢？說不定他對後世造成深遠影響的學術成就會全數消失，也無法在歷史上留名。

我們無法得知康德是否為自己的完美傾向所苦，或者是否努力想要擺脫它，但可以確定的是，他的完美傾向乃是達成驚人成就的一大優勢。

戰勝完美傾向的兩面性

然而，大多數平凡的完美主義者並不如康德非凡出眾，就像本書中所探討的，他們都受到完美傾向的性格折磨，也很容易陷入兩難。

因為如果不能確定「不完美是否就是完美的好方法」，他們就什麼也做不了。儘管受到完美主義的折磨，卻又深深著迷於自己追求完美的樣子，因此甚至可能會暗自期望完美主義自行遠離。

人本來就有推與拉的雙重性，我們稱之為「接近—迴避動機」，它會以「我真的很想把事情做好，但完美傾向的折磨令我痛苦不已」等樣貌表現出來，而我們會在這個過程中遇到兩種矛盾。

第一，有別於期望追求完美—制定難以企及的高標準，持續不懈地追求零缺點，我們很可能會做出自己並不完美的結論。第二，完美主義者帶著無法共存的兩張相反臉孔—追求卓越的幸福樣貌，以及對失敗的恐懼、自我苛責等與幸福背道而馳的樣貌。

因此，雖然追求完美的過程中，有時會充滿成就的喜悅，但也可能引發對自身能力的懷疑與憂鬱情緒。

人何時才能變得幸福？有學者說是與幸福之人一起享用美食，也有人說，當喜歡的人在身旁，幸福就會傳染。

心理學家愛德華·迪西（Edward Deci）和理查·萊恩（Richard Ryan）則主張，為了獲得幸福，我們必須滿足自主性（Autonomy）、勝任感（Competence）與關聯性（Relatedness）這三大基本心理需求。[65]

其中的勝任感指的是深切感覺到自己擅長什麼。換句話說，勝任感意味著能夠達成某件事的自信感與能力，所以如果想要獲得幸福，就需要自發性且具成長導向地追求卓越。同時，我們也有必要將不幸的完美傾向轉換為幸福的完美傾向。

相信自己，就能改變

想要改變，就必須尊重自己，對自身具備的能力有所自覺。意即，必須領悟到我具有不被不幸的完美傾向折磨的價值（自尊感），同時我也具備了改變此情況的力量（自我效能感）。

希望各位能透過這本書，從各種角度仔細檢視完美主義，並根據四種完美主義者的類型，思考帶來正向變化的具體方案，展開全新的人生。改變是人生贈予我們的至高祝福。無論是哪一種完美主義類型終究都不完美，因此記住，重要的是突顯優點、彌補缺點。

若說筆者群有什麼期望，那就是透過《剛剛好的完美主義》介紹的內容，能幫助讀者「有意識地、合理地、持續地努力」。但願這本書能幫助所有人獲得卓越、亮眼的成果，並以幸福的完美主義者之姿重生。最後，我們就以另一名完美主義者米開朗基羅的話來總結吧。

小事能造就完美，
而完美並不是一件小事。

65 Deci, E. L., & Ryan, R. M. (2012). Self-determination theory. In P. A. M. Van Lange, A. W. Kruglanski & E. T. Higgins (Eds.), Handbook of theories of social psychology (pp. 416-436). Thousand Oaks, CA: Sage.

國家圖書館出版品預行編目資料

剛剛好的完美主義：擺脫拖延、討好、怕犯錯，創造自己喜歡的人生 / 李東龜，孫何林，金書瑛作；簡郁璇譯. -- 臺北市：三采文化股份有限公司，2022.09
面； 公分. -- (Mind Map；242)
譯自：네 명의 완벽주의자
ISBN 978-957-658-883-9(平裝)

1.CST: 完美主義 2.CST: 自我實現 3.CST: 生活指導

177.2 111009970

個人健康情形因年齡、性別、病史和特殊情況而異，本書提供科學、保健或健康資訊與新知，非治療方法，建議您若有任何不適，仍應諮詢專業醫師之診斷與治療。

◎封面圖片提供：
Galyna Andrushko - Shutterstock.com

suncolor 三采文化集團

Mind Map 242

剛剛好的完美主義

擺脫拖延、討好、怕犯錯，創造自己喜歡的人生

作者｜李東龜、孫何林、金書瑛 譯者｜簡郁璇 編輯選書｜陳雅玲
編輯二部 總編輯｜鄭微宣 責任編輯｜藍匀廷 美術主編｜藍秀婷
封面設計｜高郁雯 美術編輯｜方曉君 內頁排版｜魏子琪

發行人｜張輝明 總編輯長｜曾雅青 發行所｜三采文化股份有限公司
地址｜台北市內湖區瑞光路513巷33號8樓
傳訊｜TEL:8797-1234 FAX:8797-1688 網址｜www.suncolor.com.tw
郵政劃撥｜帳號：14319060 戶名：三采文化股份有限公司
本版發行｜2022年9月2日 定價｜NT$380